U0916871

龚鹏程大学堂

天下有风

龚鹏程 著

浙江古籍出版社

图书在版编目（CIP）数据

天下有风 / 龚鹏程著 . -- 杭州 : 浙江古籍出版社 , 2022.7

（龚鹏程大学堂）

ISBN 978-7-5540-2179-8

Ⅰ . ①天… Ⅱ . ①龚… Ⅲ . ①社会科学－文集 Ⅳ . ① C53

中国版本图书馆 CIP 数据核字 (2021) 第 257007 号

龚鹏程大学堂

天下有风

龚鹏程　著

出版发行	浙江古籍出版社 （杭州体育场路 347 号　电话：0571-85068292）
网　　址	https://zjgj.zjcbcm.com
责任编辑	伍姬颖
封面设计	仙境设计
责任校对	张顺洁
责任印务	楼浩凯
照　　排	浙江时代出版服务有限公司
印　　刷	浙江新华印刷技术有限公司
开　　本	880mm × 1230mm　1/32
印　　张	6.75
字　　数	150 千字
版　　次	2022 年 7 月第 1 版
印　　次	2022 年 7 月第 1 次印刷
书　　号	ISBN 978-7-5540-2179-8
定　　价	60.00 元

总　序

古今中外，没有思想家不爱讲说的。印度之佛陀，说法四十九年，讲经三百余会。殁后弟子结集的听讲记录，卷帙浩繁。希腊则苏格拉底、柏拉图等哲人也老喜欢拉着人讲，传下了许多对话录。

这些，都是“讲”。但值得注意的是，他们并没有“讲学”一词。讲学这个词，是中国独有的。中国人本领多在一张嘴上，除了吃，就爱讲，颇以讲学为乐，如陆放翁《北窗怀友》诗曰：“幸有北窗堪讲学，故交零落与谁同。”

中国没有对话录，只有讲记、讲义。所以宋明理学家的语录才老被人怀疑是受了禅宗的影响。而即使是语录，也仍非对话录。至于《论语》，颇有人以为即是希腊那种对话录，其实也非是。故我国讲学的传统颇有值得深究之处。

讲学至迟在春秋时期已有。《左传·昭公七年》记：“孟僖子病不能相礼，乃讲学之，苟能礼者从之。”孟僖子擅长替人襄赞典礼，老病而讲学，许多人遂跑去跟他学礼。可见春秋时已有讲学之风气。

孟僖子是孔子的前辈，很欣赏孔子，孔子讲学也就继承了这种精神。但孔子又是有所发展的。《论语》记载孔子曾感慨：“德之不修，学之不讲，闻义不能徙，不善不能改，是吾忧也。”可以看出讲学已是常态，若不能经常讲学，还会被认为是种缺点呢！讲学也被当成一种跟修德、改过、迁善相同的“改善人存在状态”的方法。

孔子的话里还有一层意思不能忽略：讲学不仅行诸师弟之间，也在朋友之间。平辈交游，即须讲学。这也可说是儒家教育观的精义之一。儒家的朋友观，正建立在讲学上，彼此讲习道义，才是朋友，否则便成了小人酒食相征逐，共趋于下流。《论语》开篇道：“有朋自远方来，不亦乐乎！”讲的就是这个，不是泛说一般亲朋来访。它上面一句“学而时习之，不亦说乎”其实也是指讲学。

因为讲学之“讲”并不只是口说，《左传》记孟僖子讲学的那句话，杜预注：“讲，习也。”讲与习是同义词，《易》云“君子以朋友讲习”，把讲习合成一个词，也是这缘故。

讲就是习，故“学而时习之”事实上便是讲习不辍。这是古代通用的词意。如《玉篇》云：“讲，习也。”《左传·隐公五年》：“春蒐、夏苗、秋狝、冬狩，皆于农隙以讲事也。”注也说是习。

讲学当然可以无定点。或如孔子游历四方，或如墨子、孟子、商鞅、苏秦那样游说诸侯，弟子们跟着老师跑，所谓“从游”，不择地、不择时，当然也就无一定的讲学地点。纵使传说孔子有所谓“杏坛”，其实也只是在杏林中找一土墩子讲讲而已，无教室、学校之类固定讲学空间，与柏拉图有其学园不同。

有定点的讲学，最常见的是教师自己的住宅。宅中的厅、堂、斋、室，都可能用来教学。孔门弟子有及门、入室、升堂之分，就是以老师家里的空间来看弟子各自所处位置之不同，以见亲疏。

但自家堂室更主要教的乃是自己的子孙。古人重视家学，故多在家中施教。而家学，并不是现在谈家庭教育的人所讲的那一套，仅注目于儿童生活礼仪、道德教养，亲子关系层面，而是以家庭宗族为一学术传承团体。中国学统所系，古代主要就是这种家学。

官学中最主要的建置终究还是讲堂。其中有中央政府办的，如《后汉书·翟酺传》载："光武初兴……愍其荒废，起太学博士舍、内外讲堂，诸生横巷，为海内所集。"有地方性的，如《水经注·江水一》说"文翁为蜀守，立讲堂，作石室于南城"，属于公众教育性质。一直延续到晚清，包括了各地之义学、社学。

私人自办讲堂，做公众教育的，汉代以前似未见，但汉代就已极盛了，乃家学之延伸。尤其东汉大家族制渐旺，宗族子弟动辄数十百人，须延师教诲，或由族内耆宿教育之。而若教授出了名，各地寻师访学者便会蜂拥而至。因此东汉时常有大学者招收几百位门人的例子。

这么多人，家中通常无法容纳，势必另辟讲堂。

讲堂有时选在山林清雅之地，称为精舍或精庐。如《后汉书·刘淑传》："淑少学明《五经》，遂隐居，立精舍讲授，诸生常数百人。"

唐宋以后，儒者办书院，近的渊源是唐代集贤书院之类的建置，远的渊源就是精舍。朱熹所建书院就有许多称为精舍的，如闽北建阳、武夷山的寒泉精舍、武夷精舍、沧洲精舍等都是。

与精舍同样取意于清净养心的，还有斋馆一词。斋馆指斋戒时所住的房舍，汉应劭《风俗通·怪神》"乃即斋馆，忘食与寝"，唐王勃《拜南郊颂》“神坛岳立，斋馆云深”等都是其例。学校也是。《宋史·徽宗纪一》：“壬辰，诏诸路州学别置斋舍，以养材武之士。”指的就是学校馆舍。

公众讲学，还有一种特殊形态，那就是寺庙。

寺与庙非一事，寺指佛寺，庙是宫观庙宇。皆方外，但也都有讲学活动。南京佛寺的讲学活动，早在刘宋以前即有。《南史·宋武帝纪》说“尝游京口竹林寺，独卧讲堂前，上有五色龙章”，京口即今镇江，盖当时寺院已皆设讲堂，用以讲经说法了。梁朝此风更甚，梁武帝本身就是大讲师，《南史》说他“创同泰寺，至是开大通门以对寺之南门，取反语以协同泰。自是晨夕讲义，多由此门”，在寺中讲了许多经义，会通儒佛。

以上各种形式的讲堂，无论社学、义学、州学、府学、县学、太学，或家学、私塾、经社、书院、寺庙讲经等等都是向下的，讲者身份皆高于听讲人。可是政府体制中却还有一种是向上的，由臣子向皇帝讲，称为“经筵讲学”。乃中国教育中最特殊之一格，体现“道尊于势”之精神。

因为每个人都需要学习，都须遵循老师的教诲，皇帝不但不能例外，甚且更该如此。所以当皇子时就应拜师学习，当上皇帝以后，仍要继续学，要选拔硕学鸿儒来教他，这就是经筵讲学，教皇帝以正道。

此一制度，非但是对皇权的制衡，且起着积极的教示、导引、匡正作用。儒者非常重视这个职务与进言的机会，也为了向历史负责，故常会撰写讲稿，留下记录，称为经筵讲义。

讲堂，中国与韩国后来都以书院为名，讲堂附在其中。但书院教育实以自学为主，并不常讲，不似现今学校每天要老师哇啦哇啦地讲。山长隔段时间才开讲一次，或邀人来书院专场演讲，如朱熹在白鹿洞书院，即请陆九渊来讲。若两人共讲或辩论，则称“会讲”。后来会讲扩大为“讲会”，变成明代书院例行的讨论会，有时吴越的大会，竟致千樯云集。

讲会是打造一个平台，让许多人能在同一个平台上相互讲论。“平台”的这个意义，后来便衍为“讲坛”一词。

与讲坛类似的词语是“讲台”。为了让听讲的人看得清、听得明，常会让讲者坐或站在高处讲，所以登高台或高坛而讲，是很常见的。目前所知，可能以晋朝虎丘之生公说法台为最早。前此多只有讲席而无讲台，嗣后则讲者升高座渐成常态，寺院尤其如此。

讲席，是高僧、儒师讲经的席位，亦用作对师长、学者的尊称。南朝梁沈约《为齐竟陵王发讲疏》“置讲席于上邸，集名僧于帝畿”，唐戴叔伦《寄禅师寺华上人次韵》之三“近闻离讲席，听雨半山眠”，说的都是僧人开讲，其实儒者开讲也是这样的。

可见讲学既有友朋师弟君臣间个人化的讲习切磋，更有面向稠人广众的宣讲。典型的例子是马融“绛帐春风”的故事。《后汉书》卷六十上说马融“尝坐高堂，施绛纱帐，前授生徒，后列女乐，弟子以次相传，鲜有入其室者”。后人很喜欢这个故事，遂以“绛帐”为师门、讲席之敬称。

讲，本以口说为主。儒家极重口说，孔门弟子们讨论事理，常以自己直接听闻老师的讲法为依凭，因此有“各尊所闻”的状况。但各自听受，说时情况不一；又因材施教，听者也有理解之问题。因而在大家都各尊所闻，觉得对方所说“异乎吾所闻”的时候，学派也就分裂了。孔子死后，儒分为八；佛陀灭度后，佛教也分裂成部派佛教，原因都在于各述所闻。

到西汉，儒家仍以口说为重，认为微言仅存于口说，不书竹帛。今文学家特别强调这一点，因此师法家法甚严，各派有各派的口说微言。直到清末康有为等人复兴今文学，仍强调这一点，康有为自己就留下了《南海康先生口说》二卷。

但口说多歧，传述易讹，还是文字较为稳定，所以东汉以后古文家兴起，就越来越重视文字。讲，也渐渐出现了文字记录型的讲义。

讲义，指讲说经典的义理。这是因汉代讲经制度而形成的，后就成为一种文体、著作形式。相关的文体，还有“论”与“难”。讲义，是讲明义理；义疏，是疏通经义；论是讲论；难是对经或论提出质疑问难。

讲论而生辩论，规模盛大的是三教讲论。唐朝自高祖武德七年开始，释奠礼祭孔之后，安排儒道佛三教硕彦相杂驳难。其后成为固定仪式，每年举行，孔颖达就参加过。这是真辩，辩起来“火光四射”，是史上一段异彩。

相对来看，今天的教育，却是小孩蒙学阶段诵而不讲，光教他们死背硬记，背上几十万字而毫无讲解；大了，又讲而不论，光是老师讲，如水泼石，灌输一番，然后继续死记硬背讲义，没有讨论，没有问难。与中国古代的教育方式背道而驰。

胡适《九年的家乡教育》曾记一故事，说一同学的母亲请人代写家信给她的丈夫，信写好了，这位同学把家信抽出来偷看，却不知信上第一句“父亲大人膝下”是什么意思。胡适很惊讶，后来才发现这位同学虽念过《四书》，却只是背，先生没有讲解。胡适则因母亲多给了先生几倍的学金，所以先生都跟他讲了。胡适很感念这一点，说：“我一生最得力的是讲书：父亲母亲为我讲方字，两位先生为我讲书。念古文而不讲解，等于念‘揭谛揭谛，波罗揭谛’，全无用处。”

这就是讲的重要。蒙学须讲，大学则须加上论，讲论合一，才有生机。

当然，讲说、讲习之目的是追求真理，所以需要辩论，然而争辩终究不是目的。讲论之目的乃是沟通，弭平头脑里的战争，达成和解。

是的，讲这个字的含义正是和。《说文解字》就说：“讲，和解也。”《战国策·西周策》：“而秦未与魏讲也。”《战国策·齐策》：“赵令楼缓以五城求讲于秦。”《史记·樗里子甘茂传》：“樗里子与魏讲，罢兵。”皆以讲为和解义。故今人俗称和解为讲和，犹存古意。

讲（講），从言，从冓，古音也念媾。凡从冓之字，均有交错互入、形成一整体之意。所以“讲”字与沟通之“沟”、媾和之“媾”

其实都是同义词。明乎此，则讲堂之“讲”，宗旨亦不难明白了。

我从小讲学不辍，不知老之将至。近年甚至把微信公众号都命名为“龚鹏程大学堂”，随意撰文，肆我思存。辑起来，便成此编，为序以见意，君子鉴之。

龚鹏程

壬寅写于济南雪野湖畔

目　录

天下有风

“五四”运动后，对中国哲学的解释，强调理性精神。故对汉儒阴阳五行之说颇多非议，并认为经典中阴阳气化的讲法都是后起的，出于战国晚期，篡乱或伪造于早期典籍中。

这样的解释，方向弄错了。气，才是商周时期最重要的存有学概念。当时人认为一切物类及整个宇宙，都充满着“气”，一切的生成变化与感应沟通也都是因气使然。气动则成风，风动才有声音。一切动植物，包括人类，其化生及感动，同声相应、同气相求，莫不由气。

为什么会这么认为呢？一点也不奇怪，人本来就得靠呼吸才能存活，一息尚存的仍有生命，若没气了，生命也就结束了。所以生本于气，气也充塞于天地之间。如《黄帝内经·素问》论到生理病理时，即贯穿着“生气通天”的道理。谓上古“真人”能呼吸“精气”，故能长生得道。而真正能从实际生活环境中养生的圣人则是：“处天地之和，从八风之理，适嗜欲于世俗之间，无恚嗔之心。”

为什么说八风？因为气动则成风，人体的气与自然界“风气”的运行相通。能顺应者乃得健康快乐，乖逆则病苦。此文虽不可能真是黄帝时的文献，但这种宇宙观、生理心理观，却是古代中国音乐、诗歌、文学，乃至一切思想的基本观念。

《易·说卦传》说：“故水火相逮，雷风不相悖，山泽通气，然后能变化，既成万物也。”又说：“精气为物。”宇宙依气化而生成万物，气的变化、运动就是风。故气是就存有的性质说，风是就它的活动说。

风动则有声，声律就是风动状态的显示。动的状态不同，声律也就不同。因此，论气化又常关联于声律说，听声律，即可以知风动的状态、风的变化。气动而生风，风动有声，声律感人，人又以气相应。所以《荀子·乐论篇》说：声可感人，气应声而“成象”。所谓“成象”，应该即是形于舞蹈、音乐、歌诗之类，亦即风之状态借着歌诗、舞蹈表现出来。《吕氏春秋·音律》篇对此说得更明白：“天地之气，合而生风，日至则月钟其风，以生十二律。”又说：“天地之风气正，则十二律定矣。”《音初》篇又说：“凡音者，产乎人心者也。感于心则荡乎音，音成于外而化乎内。是故闻其声而知其风，察其风而知其志，观其志而知其德。”《礼记·乐记》论音乐的发生：“凡音之起，由人心生也。人心之动，物使之然也。感于物而动，故形于声。声相应，故生变；变成方，谓之音；比音而乐之，及干戚羽旄，谓之乐。”接着更据《系辞传》而推演说：“地气上齐，天气下降，阴阳相摩，天地相荡，鼓之以雷霆，奋之以风雨，动之以四时，暖之以日月，而百化兴焉。如此，则乐者，天地之和也。”天地气运，生各种风，形成各种声律。人与天地万物，因同气相感，故闻其声而知其风。

《易》有云：

> 风行天上，《小畜》，君子以懿文德。
>
> 风行地上，《观》，先王以省方观民设教。
>
> 风自火出，《家人》，君子以言有物而行有恒。
>
> 天下有风，《姤》，后以施命诰四方。
>
> 随风，《巽》，君子以申命行事。

君子要观风、观乐，以知吉凶，以“察其风而知其志，观其志而知其德”。《易经》本身的卦爻辞就是如此的。所以观风就可以具有观风化、风动、风教的意涵，具有伦理意义。

另外，因古人相信充满天地万类的气分布各方乡土，其风气自亦有异。这各地不同的风气，生出不同的音乐，便叫作土风。《左传·成公九年》记载楚囚钟仪抚琴“操南音”，范文子说他：“乐操土风，不忘旧也。”应用于歌诗，便叫作国风，如《诗经》中的各国国风。而个别作者所作的诗，也可称为风，如《大雅·嵩高》说吉甫之诗“其风肆好”。

这些音乐、诗歌都由风气鼓动感人而生，也就可以动人、感人、教化人、讽刺人，甚至还可以“动天地，感鬼神”。因为天人同气，故亦可以共感。这都是从气充满宇宙、天人交感、天人合一的观念发展出来的讲法。

风的意义，还不止于此，更与性和生殖有关。因为前文说过，宇宙因气化而生万物，气之运动变化就是风，故风与生同义相关。试看《国风》中许多诗就以恋爱和婚姻为说。其实早期所谓“风化”和“风俗”诸词，本来也就包含有这种意义。俗字从人从谷，前人早已有释为人欲之所趋的说法。后世所谓“有伤风化”，也于无意中保留着“风化”的初义。余如“风月”“风流”“风骚”“风情”等后起的词语和含义亦然。风有性诱惑的意思，更是见于很早的记载，如《易经》蛊卦辞“蛊，元亨而天下治也”，蛊就是风诱之意。《左传・僖公十五年》记卜徒父对晋侯问蛊卦时就说：“蛊之贞，风也。”《尚书・费誓》曰：“马牛其风。”贾逵注：“风，放也，牝牡相诱谓之风。”《左传・僖公四年》曰：“唯是风马牛不相及也。”杜预注引贾逵、服虔疏意同。《吕氏春秋》季春之月“乃合累牛腾马，游牝于牧”注曰“累牛父牛也，腾马父马也，皆将群游从牝于牧之野风合之”，风字亦是牝牡相诱之意。后来俗语说男女“争风吃醋”，风字也仍是这个意思。

风有这种意义，因古人相信生命乃是由风来的。例如《黄帝内经・素问》第五《阴阳应象大论篇》以气与阴阳论人身的生理和病理，便说：“东方生风，风生木，木生酸，酸生肝，肝生筋，筋生心。肝主目。其在天为元，在人为道，在地为化。化生五味，道生智，元生神。神在天为风，在地为木。”在《气交变大论》里也用气之变动或“气化”来解释生理和病理，说：“东方生风，风生木，其德敷和，其化生荣，其政舒启，其令风，其变振发，其灾散落。”这虽然可能已是晚周的记载，但应本于很早的传说。因为在《周易》姤卦《象传》中就曾说：“天下有风，姤。”姤一作遘，当即媾字，姤卦辞云“女壮，勿用取女”，本来就是为婚媾而卜。又如《太平御览》卷九引《易通卦验》说：“八风以时，则阴阳变化道成，万物得以育生。”《春秋考异邮》也说：“风之为言萌也。”《大戴礼·易本命》引孔子曰：“二九十八，八主风，风主虫，故虫八月（日）化也。”《淮南子·墜形训》略同。此虽汉人之说，犹存古义，与《尚书》《左传》风马牛之说相仿佛。《诗大序》说风，似乎不脱此义，故《国风》由正夫妇讲起。夫妇之风正，推而广之，其他各种风教风化风俗亦正，天下就太平了。

至于风正或不正，听音乐就可以明白，故《诗序》云：

> 《关雎》，后妃之德也，风之始也。所以风天下，而正夫妇也。故用之乡人焉，用之邦国焉。风，风也，教也，风以动之，教以化之。诗者，志之所之也，在心为志，发言为诗。情动于中，而形于言。言之不足，故嗟叹之。嗟叹之不足，故咏歌之。咏歌之不足，不知手之舞之、足之蹈之也。情发于声，声成文，谓之音。治世之音，安以乐，其政和。乱世之音，怨以怒，其政乖。亡国之音，哀以思，其民困。故正得失，动天地，感鬼神，莫近于《诗》。

释　天

古之天文，今人搞不清楚，也不全是无知的问题，亦有因古今变迁而令后人不易明了之处。犹如古代话语，人人都会说，可是至今就只有懂古音学的人才弄得明白。古天文学，虽是当时百姓日用常识，然时移世易，学者对之，往往亦聚讼纷纭，与争论古音韵究竟如何是一个样。

（一）三正

造成难解现象的原因之一是历法之变。古有六历：黄帝历、颛顼历、夏历、殷历、周历、鲁历。汉改用太初历、三统历，嗣后历法历制改来改去，以致大家对古代历数情况越来越不了解。如《定之方中》，讲夏正十月；《小雅 · 十月之交》也讲夏正十月；《豳风 · 七月》依然是夏正。周朝理应用周历，可是这些诗用的却是夏历。这固然是风俗使然，犹如现今虽用阳历，民间仍通行阴历；另一方面也因儒家孔子本来就主张在历法问题上“行夏之时”。

而夏历与周历之不同，主要在岁首。周以建子一月为岁首，称为正月。殷历以建丑二月为正月；夏历则是以建寅三月为正月。所以《豳风·七月》的七月，乃是现在我们的九月。它讲的九月、十月、十一月，分别是周历十一、十二、一月，故冷得不得了，觱发栗烈难当。

古书中，《春秋》《孟子》多用周历，《楚辞》《吕氏春秋》用夏历，《诗经》就不一定。如《小雅·四月》用夏历，《七月》看起来也是夏历，但此诗讲"一之日"等处，却是用周历。这种混用历法的情况，在《左传》等书中也都有，所以容易导致误解。

秦始皇以建亥为岁首，这是夏历的十月、殷历的十一月、周历的十二月。汉初仍沿用此制。汉武帝改用太初历以后，才以建寅为岁首，与夏历相同。以后除王莽和魏明帝时一度用殷正，唐武则天、肃宗时一度用周正以外，大部分都仍用夏正，与现今民间阴历的月份时令相近。

这是"三正"的问题，指夏商周三种历法的正月之分。另一个天文上的问题是太岁。

（二）太岁

三正，是把一年十二个月配上子丑寅卯等十二地支，故以一月为正月。所谓建子、建丑、建寅之建，是指"斗建"。北斗七星的斗柄指向十二个不同的方位，即代表十二个月。太岁则是以周天分成十二等分，由东向西，配以子丑寅卯等十二支，叫作十二辰。

但因子丑等十二辰由东向西，而实际的十二次其实恰好相反，乃是由西向东的。因此，另又假想有个岁星，叫太岁，又称岁阴，让它与真岁星背道而驰，这样它就和十二辰的顺序一致了。以此纪年，就称太岁纪年法。举例言之，某年岁星在星纪，太岁就在析木，称为太岁在寅。次年，岁星运行到玄枵，太岁就在大火，在卯。其余可以类推。

所以太岁并非真星，指的其实是子丑寅卯等十二辰，而这十二辰又还有个别名系统。

十二地支之外，十天干也与岁星相配，也有一套别名系统。这套别名，《史记·历书》《尔雅·释天》《淮南子·天文训》略有不同。若今年是壬辰年，就称为玄黓执徐，明年癸巳年则称为昭阳大荒落。古人作诗题字，纪年往往用此，在古代是基本常识，于今则须费这么多唇舌来介绍了。而太岁与星象之间，也容易弄混，令人糊涂。典型的例子，是战国屈原的生日问题。

屈原的出生日期，《离骚》中自述："帝高阳之苗裔兮，朕皇考曰伯庸。摄提贞于孟陬兮，唯庚寅吾以降。"看来十分明确了，可是研究屈原的人对此却有不同解释。

大致可分两说，一是汉王逸说："太岁在寅曰摄提。孟，始也。贞，正也。于，於也。正月为陬。"他认为"摄提"是"摄提格"的省称，屈原生于"太岁在寅，正月始春，庚寅之日"，即寅年寅月寅日。二是朱熹说："摄提，星名，随斗柄以指十二辰者也。"他认为"摄提"是天上星座名，并不说明什么年份，两句只是说屈原生于寅月寅日，但年份不明。

二说的主要分歧在于“摄提”与“摄提格”的异同。摄提，属二十八宿中的亢宿，共六星，位于大角星的两侧。《史记·天官书》：“大角者，天王帝廷，其两旁各有三星，鼎足句之，曰摄提。”又说：“岁星一曰摄提，曰重华，曰应星，曰纪星。”

摄提格是岁名，或者说是地支“寅”的代名词。如《尔雅》曰：“太岁在寅曰摄提格。”可见“摄提格”与“摄提”的词义明显不同。

“摄提”与“摄提格”既是不同的两个概念，屈原应该不会将“摄提格”省写为“摄提”。所以“摄提贞于孟陬”的意思是：斗转星移，又到了新年的正月。正月是岁首，他采用的乃是夏历。至于这年具体的年份，作者并没有说明。“唯庚寅吾以降”的意思只是说：我出生于庚寅日。故朱熹认为屈原出生的月份是寅月，恐有悖于原作的意思。在战国时期，正月未必是寅月。屈原应该是出生于夏历正月庚寅日。

可是到底是哪一年呢？庚寅又是哪一天呢？各家考证，各说各话。清代陈玚用周历推算则定为公元前343年正月二十二日；邹汉勋、刘师培用殷历和夏历推算，定屈原的出生日期为公元前343年正月二十一日；浦江清《屈原生年月日的推算问题》认为他生于楚威王元年，公元前339年正月十四日；郭沫若《屈原研究》认为是公元前340年正月初七；胡念贻《屈原生年新考》又推算为公元前353年正月二十三日。

总之，这是一笔糊涂账。但由屈原生日的考证，我们可以知道此中还涉及二十八宿、七曜诸问题，所以也要稍作解释。

（三）七曜、二十八宿

七曜指日月与金木水火土五星。金星又称明星，又名太白。《诗经》中《郑风·女曰鸡鸣》讲：“子兴视夜，明星有烂”中的“明星”非泛指，所指即金星。《陈风·东门之杨》中“昏以为期，明星煌煌”也指它。它黎明时见于东方，称为启明；黄昏时见于西方，称为长庚。《小雅·大东》云“东有启明，西有长庚”，讲的都是这一颗金星。此星在文学上大大有名，小说中甚至将它幻化成一位神祇——太白金星。

木星，又名岁星，十二年绕天一周，每年行经一个特定区域。一年的区域称为“次”，十二年就有十二次，上文讲岁星在玄枵、在大火，讲的就是这个。

水星，又名辰星。古书中谈到的水，其实并不是这一颗，乃是恒星中的定星。大火，心宿。“七月流火”之火是也。《史记·天官书》里讲的“火”才是火星，又称荧惑星。

心宿、营室宿的宿，指二十八宿。宿是指太阳停留之处。古人已知地球绕着太阳公转，从地球轨道不同位置看太阳，太阳在天球上投影的位置也不同，这种位置的移动，一年的轨迹合起来就称为黄道，代表太阳周年之轨道。而黄道附近二十八个星宿，就是用来作为这个轨道之坐标的。

星星本来分散于夜空中，靠人们运用想象力把它们进行分组：东方苍龙七宿（角、亢、氐、房、心、尾、箕），北方玄武七宿（斗、牛、女、虚、危、室、壁），西方白虎七宿（奎、娄、胃、昴、毕、觜、参），南方朱雀七宿（井、鬼、柳、星、张、翼、轸）。苍龙七宿就是把角宿到箕宿七颗星想象成一条龙，角是龙角，氐、房是龙身，尾宿就是龙尾，其余可以类推。

《小雅·大东》："维南有箕，不可以簸扬。维北有斗，不可以挹酒浆。"就是根据这种想象的再想象，说簸宿、箕宿不能真拿来作簸箕，北斗也不能挹酒浆呢！唐杜甫《赠卫八处士》说："人生不相见，动如参与商。"也依星宿想象。参指参宿，商指心宿。参在西，心宿在东，出没两不相见，故取喻如此。

另外，宋苏轼《前赤壁赋》中有一名句曰："月出于东山之上，徘徊于斗牛之间。"斗牛，有教科书说：斗指北斗星，牛是牛郎星。这种说法存在错误，斗牛，是指星宿中的斗宿与牛宿。

目前国际上一般将星空分为八十八个星座。北斗属大熊座，牛郎属天鹰座。斗宿是南斗六星所在之处，属人马座，而牛宿属摩羯座。所以北斗星与斗宿不是一回事，牛郎星与牛宿也不是一回事。

不过，问题还不这么简单。清人张尔岐认为苏轼不懂天文，以为这句话写错了："'少焉，月出于东山之上，徘徊于斗牛之间。'七月，日在鹑尾，望时，日月相对，月当在陬訾，斗牛二宿在星纪，相去甚远，何缘徘徊其间？坡公于象纬未尝留心，临文乘快，不复深考耳。"

苏轼之误，可能的原因是：古人常以"斗牛"来概括代替整个星宿，古诗文中提到星宿，往往就只说斗牛，如：

叠岭碍河汉，连峰横斗牛。（李白《过汪氏别业二首》）

班姬此夕愁无限，河汉三更看斗牛。（崔颢《七夕》）

踏雪携琴相就宿，夜深开户斗牛斜。（贾岛《逢博陵故人彭兵曹》）

万里无归信，伤心看斗牛。（常建《江行》）

画壁余鸿雁，纱窗宿斗牛。（孙逖《宿云门寺阁》）

史上还有个“斗牛之间”的著名故事：三国末年，晋朝有人主张伐吴，也有人反对。当时尚书张华，即是力主伐吴的。两方争论期间，夜晚斗牛之间有紫气。斗牛之间所对应人间的位置，是在长江流域口附近，正巧就是东吴所在地；而紫气又是祥瑞的象征。因此当时反对伐吴者，就以此为由，主张讲和。张华却仍力荐晋武帝伐吴。武帝后来果然举兵攻吴，但初期并不顺利，当时朝中大臣还上疏建议腰斩张华以谢天下。然而后来终究灭了吴，张华也因此官拜司空。

东吴灭亡后，斗牛之间的紫气非但没消失，反而更盛。

华闻豫章人雷焕妙达纬象，乃要焕宿，屏人曰：“可共寻天文，知将来吉凶。”因登楼仰观，焕曰：“仆察之久矣，唯斗牛之间颇有异气。”华曰：“是何祥也？”焕曰：“宝剑之精，上彻于天耳。”华曰：“君言得之。吾少时有相者言，吾年出六十，位登三事，当得宝剑佩之。斯言岂效与！”因问曰：“在何郡？”焕曰：“在豫章丰城。”华曰：“欲屈君为宰，密共寻之，可乎？”焕许之。华大喜，即补焕为丰城令。焕到县，掘狱屋基，入地四丈余，得一石函，光气非常，中有双剑，并刻题，一曰龙泉，一曰太阿。其夕，斗牛间气不复见焉。焕以南昌西山北岩下土以拭剑，光芒艳发。大盆盛水，置剑其上，视之者精芒炫目。遣使送一剑并土与华，留一自佩。或谓焕曰："得两送一，张公岂可欺乎？"焕曰："本朝将乱，张公当受其祸。此剑当系徐君墓树耳。灵异之物，终当化去，不永为人服也。"华得剑，宝爱之，常置坐侧。华以南昌土不如华阴赤土，报焕书曰："详观剑文，乃干将也，莫邪何复不至？虽然，天生神物，终当合耳。"因以华阴土一斤致焕。焕更以拭剑，倍益精明。华诛，失剑所在。焕卒，子华为州从事，持剑行经延平津，剑忽于腰间跃出堕水，使人没水取之，不见剑，但见两龙各长数丈，蟠萦有文章，没者惧而反。须臾光彩照水，波浪惊沸，于是失剑。华叹曰："先君化去之言，张公终合之论，此其验乎！"

由这段故事，后来遂衍生出一些成语，如气冲斗牛、丰城剑气、剑沉丰狱、延津剑合。所以苏轼说"徘徊于斗牛之间"时，也可能非写实而是用典。

这是有关星宿的一些文学问题。此外，如各位关心小说、戏曲、民俗、文学，即不能不晓得道教认为每个星座都有一个神将，共有二十八位神将，也称作二十八宿。按东南西北，将二十八宿分为青龙、朱雀、白虎、玄武四组。二十八宿的具体职能，据《北斗牿法武威经》、《无上黄箓大斋立成仪》卷五十五、《道门定制》卷三等经记载："凡二十八宿各有司，尽关璇玑之分，若风雨雷雹人间万汇，并随武威占克，无不具载，明者察之。”东方七宿星君中，角宿星君主人间雨泽，亢宿星君主人间大风，氐宿星君主人间狂风，房宿星君主惊风骇雨，心宿星君主人间雨泽，尾宿星君主祥云瑞气，箕宿星君主斜风细雨。北方七宿星君中，斗宿星君、牛宿星君主云气，女宿星君主阴阳，虚宿星君主人间大风，危宿星君主旋风走石，室宿星君主人间阴翳，壁宿星君主阴寒雨泽。西方七宿星君中，奎宿星君主人间风雨，娄宿星君主人间大风，胃宿星君主人间风，昴宿星君主人间晴，毕宿星君主天地开奉，觜宿、参宿星君主人间风雨。南方七宿星君中，井宿星君主天色黄昏，鬼宿、柳宿星君主云雾、晴阴，星宿星君主天气晴朗，张宿星君主时气不和大热，翼宿星君主晴朗，轸宿星君主晴。鉴于上述职能，道士在斋醮作法时，常召请二十八宿神君下凡降妖伏魔。星宿与文学大有关系的，还有牛郎织女的故事，大家耳熟能详，就不说了。

（四）十二次

太阳周年的黄道坐标，除了二十八宿之外，还可等分成十二部分，以说明太阳运行与月份所谓关系，这十二部分，称为十二次。次与宿一样，皆指太阳投影停留之处，把十二次跟二十八宿配合起来，则如下表，足堪对照。与西方讲的也很类似。

太岁年名	十二辰	十二次	二十八宿	黄道十二宫
赤奋若	丑	星纪	牛、斗、女	摩羯宫
困敦	子	玄枵	女、虚、危	水瓶宫
大渊献	亥	娵訾	危、室、壁、奎	双鱼宫
淹茂	戌	降娄	奎、娄、胃	白羊宫
作鄂	酉	大梁	胃、昴、毕	金牛宫
涒滩	申	实沈	毕、觜、参、井	双子宫
协洽	未	鹑首	井、鬼、柳	巨蟹宫
敦牂	午	鹑火	柳、星、张	狮子宫
大荒落	巳	鹑尾	张、翼、轸	处女宫
执徐	辰	寿星	轸、角、亢、氐	天秤宫
单阏	卯	大火	氐、房、心、尾	天蝎宫
摄提格	寅	析木	尾、箕、头	人马宫

至于岁阳与十天干的配合则如下表：

天干	甲	乙	丙	丁	戊	己	庚	辛	壬	癸
岁阳	阏逢	旃蒙	柔兆	强圉	著雍	屠维	上章	重光	玄黓	昭阳

太岁（岁阴）、岁阳，乃至十二次、二十八宿的名称都怪里怪气的。由《史记·历书》所载岁阳名称来看，显然这些多是记音词，如上章可写作尚章，阏逢可写作焉逢，旃蒙可写作端蒙，柔兆可写作游兆之类。因此许多人认为其起源可能不在中土，而在巴比伦或印度。

但也有人认为湖北出土曾侯乙墓中衣箱上已有青龙白虎二十八宿图，可证明它并不起源于印度，至迟在中国战国时，二十八宿业已定型了。

实则此事何必需要考古？“月离于毕”见于《小雅·渐渐之石》；“龙尾伏辰”见于《左传·僖公五年》，二十八宿之被人熟知，且被运用到文学中的历史已久了，何必用战国时期的考古材料来证明什么呢？那怪里怪气的岁阳与太岁名，则可能是神名。如庄子说水神名冯夷，北方水神名禺强，太山神名肩吾，又有洛诵、瞻明、聂许、需役、于讴、玄冥、参寥、疑始、门无鬼、赤张满稽、北海若、伯昏无人、昆阍滑稽、张若謵明、伯昏瞀人等神人及古修道者，命名方式即是如此。后世道教神名也延续了这种命名方式。

郭沫若《甲骨文字研究·释干支》一文，曾试图证明在殷商时期黄道十二宫天文体系从两河流域传入并且变为中国的十二辰。他推测“摄提格”等十二个岁名为外来词，其发音源于巴比伦文明的苏美尔语或阿卡德语星座的发音。

然而吴宇虹《巴比伦天文学的黄道十二宫和中华天文学的十二辰之各自起源》已指出：从公元前1800年起，苏美尔语即已死亡，所有的苏美尔词符都被读成阿卡德语（如日文中的汉字被读成日语而不是汉语）。因此，郭沫若用苏美尔星名对应中国的摄提格等十二个岁名的方法很不可靠。其对照读音亦十分勉强或相差甚远。而且，根据目前的证据，我们知道两河流域将周天分成十二区并对应一年十二个月，不会早于公元前1200年，而中国的使用干支记日的甲骨文写于公元前1500—公元前1100年期间。且中华十二辰和西方十二宫的旋转方向不同；巴比伦白道十七星宿和对应十二理想月的黄道十二星宿，和中国的黄道二十八星宿的不同；巴比伦天文学没有用木星十二年周期记年，而中国天文学将木星运行当作五星之核心和太阳年之校正标志；十二星宫在西方只对应月不记日和使用29—30数记日法，而中国干支系统不记月只记日；中国天文学利用北斗星的转动来校正太阳年，而目前尚没发现两河流域有这方面的记载等等，都说明两大文明的天文学都是不同的。所以中国古代天文学绝不可能是由西方传入的。

（五）北斗

太阳运行以星为坐标，着实也显示了整个中国天文思想乃是以星为主的，五星、十二次、二十八宿，讲的都是星。可是这些星散居天际各角落，怎么把它统一起来成为一个大系统呢？北斗，这才是中国古代天文学最特别之处：古人把天也想象成一个国家，星星是在各地有执掌业务的官吏；在其上，还有一位帝王统揽全局、统摄星官。那就是北斗星与北辰的作用了。

《尚书·舜典》说得好："在璇玑玉衡，以齐七政。"璇玑指北辰，玉衡指北斗，整个日月五星均以北辰、北斗为枢纽，由北辰、北斗整齐之，一句话就道尽了整个天学重点。古代天学，确实是个以北辰为中心的天官体系。

北辰不动、北斗动，两者是一体的。不动，象征其位，帝居其所而众星拱之。动，象征其作用，斗柄所指，节气变换，天体运转。

详细情况及其在儒家哲学上的意义，可参看我《儒学新思》所收的《儒家的星象政治学》一文。

这里要补充的是：北斗、北辰之枢纽地位，非但是儒家之主张，也为道家所承认。《庄子·大宗师》有一段非常有趣，竟将北斗拟人化说："夫道，有情有信，无为无形；可传而不可受，可得而不可见；自本自根，未有天地，自古以固存；神鬼神帝，生天生地……狶韦氏得之，以挈天地；伏羲氏得之，以袭气母；维斗得之，终古不忒；日月得之，终古不息；堪坏得之，以袭昆仑；冯夷得之，以游大川；肩吾得之，以处太山；黄帝得之，以登云天；颛顼得之，以处玄宫。"从狶韦氏数下来，包括西王母、彭祖等都是神人或古帝王，只有日月及北斗是自然物象，但说它们都是因得到了道，所以才能如何如何。

这北斗，唐成玄英疏说："北斗为众星纲维，故曰维斗。得至道，故维持天地，历终始，无差忒。"成玄英是道教徒，此注也代表了道教界对北斗与道之关系的认识。事实上，道教自正一天师道以来就以拜斗闻名，以北斗系人性命寿夭，所谓南斗注生、北斗注死。遂衍生出后来小说中的生死簿、南极仙翁老寿星之类事例。金庸小说《射雕英雄传》中描写全真七子结北斗七星阵御敌的情况，想必也令各位印象深刻。

北斗、北辰信仰在文学上极复杂，应用亦极多，请看底下各诗：

> 夔府孤城落日斜，每依北斗望京华。听猿实下三声泪，奉

使虚随八月槎。画省香炉违伏枕，山楼粉堞隐悲笳。请看石上藤萝月，已映洲前芦荻花。（杜甫《秋兴其二》）

花近高楼伤客心，万方多难此登临。锦江春色来天地，玉垒浮云变古今。北极朝廷终不改，西山寇盗莫相侵。可怜后主还祠庙，日暮聊为梁甫吟。（杜甫《登楼》）

紫陌红尘拂面来，无人不道看花回。玄都观里桃千树，尽是刘郎去后栽。（刘禹锡《元和十年自朗州承召至京戏赠看花诸君子》）

丝纶阁下文章静，钟鼓楼中刻漏长。独坐黄昏谁是伴，紫薇花对紫微郎。（白居易《紫薇花》）

“每依北斗望京华”“北极朝廷终不改”“紫陌”“紫微”，乃至“紫禁”，这些词都跟北斗有关。有的批注搞不清楚，竟说紫陌是形容路边花草繁茂，甚为可笑。

古人将星空划分成三垣二十八宿。三垣即紫微垣、太微垣、天市垣。在黄河流域见北天上空，以北极星为标准，集合周围其他各星，合为一区，叫紫微垣。古人认为紫微垣是天帝之座。杜甫《秋日荆南送石首薛明府辞满告别奉寄薛尚书颂德叙怀斐然之作三十韵》：“紫微临大角，皇极正乘舆。”即指此言。天人对应，是以人间皇帝的居所也称紫禁城。

整个紫微垣“东蕃八星，西蕃七星，在北斗北，左右环列，翊卫之象也”。其天区大致相当于现今国际通用的小熊、大熊、天龙、猎犬、牧夫、武仙、仙王、仙后、英仙、鹿豹等星座。

诗人吟咏，如唐令狐楚《发潭州寄李宁常侍》：“君今侍紫垣，我已堕青天。”宋杨亿《梁舍人奉使巴中》：“紫垣遣使非常例，应有星文动九霄。”均指此。

在紫微垣外，星张翼轸以北的星区是太微垣十星。“十星，东西各五，在翼轸北”。《宋史》记载，太微恒常星十九座，积数七十八。

五帝内座，为中国古代星名，是归属于紫微垣的星官之一，《宋中兴天文志》曰：“太微垣有五帝座，五帝内座又列乎紫宫，何也？曰：五帝常居在太微而入觐乎紫宫。故有内座也。”此星在西方天文学则分别属于仙王座与仙后座。

古代认为紫微垣：“一曰大帝之坐，天子常居也，主命、主度也。”若要预测帝王家事便观察此天区。流星现则内宫有丧，星象异则内宫不宁。

紫微星乃南北斗中天之帝王星，汉马融说：“上帝、太一神，在紫微宫，天之最尊者。”因此紫微星为官禄主，有解厄、延寿、制化之功。

唐代，因中书省设在皇宫内，是国家最高的政务中枢，故开元元年（713），中书省曰紫微省，中书令曰紫微令。虽时间不长，却成为历史掌故，以至后来凡任职中书省的，皆喜以“紫微”称之。例如唐代诗人杜牧当过中书舍人，人称“杜紫微”。

由于紫薇花名与紫微音同，字形近同，于是紫微省名立后，紫薇花遂被移植省中。过了几年，紫微名被废弃，而紫薇花却早已在宫中扎下了根。诗人就常常将其与官扯到一起，誉称其官样花。宋陆游《紫薇》诗就讲："钟鼓楼前官样花，谁令流落到天涯。少年妄想今除尽，但爱清樽浸晚霞。"

宋吕本中亦当过中书舍人，他的诗话著作就题为《紫薇诗话》。唐白居易《紫薇花》诗讲的紫微郎，也由这个典故来。

紫垣、紫微、紫禁、紫陌、北极、北斗等等，在文学中运用如此之多，是因文人多半做官，与其朝廷之思有关的。

（六）太一

太一其实就是北斗、北辰，但它含义更丰富，故另讲。请看《楚辞》里另一个让人糊涂的词语"东皇太一"。各家注解都不同：

【补注】五臣云：每篇之目皆楚之神名。所以列于篇后者，亦犹《毛诗》题章之趣。太一，星名，天之尊神。祠在楚东，以配东帝，故云东皇。

［补］曰：《汉书·郊祀志》云：天神，贵者太一。太一佐曰五帝。古者天子以春秋祭太一东南郊。《天文志》曰：中宫天极星，其一明者，太一常居也。《淮南子》曰：太微者，太一之庭。紫宫者，太一之居。说者曰：太一，天之尊神，曜魄宝也。《天文大象赋》注云：天皇大帝一星在紫微宫内，勾陈口中。其神曰曜魄宝，主御群灵，秉万机神图也。其星隐而不见。其占以见则为灾也。又曰：太一一星，次天一南，天帝之臣也。主使十六龙，知风雨、水旱、兵革、饥馑、疾疫。占不明反移为灾。

【集注】太一，神名，天之尊神，祠在楚东，以配东帝，故云东皇。《汉书》云：天神贵者太一，太一佐曰五帝。中宫天极星，其一明者，太一常居也。《淮南子》曰：太微者，太一之庭。紫宫者，太一之居。此篇言其竭诚尽礼以事神，而愿神之欣悦安宁，以寄人臣尽忠竭力、爱君无已之意，所谓全篇之比也。

【通释】旧说中宫太极星，其一明者太一。则郑康成礼注所谓耀魄宝也。然太一在紫微中宫，而此言东皇，恐其说非是。按《九歌》皆楚俗所祠，不合于祀典，未可以礼证之。太一最贵，故但言陈设之盛，以徼神降，而无婉恋颂美之言。且如此篇，王逸宁得以冤结之意附会之邪，则推之它篇，当无异旨，明矣。

【戴注】古未有祀太一者，以太一为神名，殆起于周末，汉武帝因方士之言，立其祀长安东南郊。唐宋祀之犹重。盖自战国时奉为祈福神，其祀最隆，故屈原就当时祀典赋之，非祠神所歌也。《天官书》："中宫天极星，其一明者，太一常居也。"吕向曰："祠在楚东，故云东皇。"未闻其审。

连清代大学者戴震都说"未闻其审"，弄不明白，可见它之复杂。确实，"太一"就够复杂了，再加上一个"东皇"的问题，当然更让人头疼。我在1975年读大学时曾写过一篇《太一考》，深知此一问题之难，现在简单说说。

请先看一首王维的《终南山》诗："太乙近天都，连山到海隅。白云回望合，青霭入看无。分野中峰变，阴晴众壑殊。欲投人处宿，隔水问樵夫。"终南山又名中南山或南山，即秦岭，西起甘肃天水，东至河南陕县。太乙，终南山的主峰，亦为终南山别名。分野，我国古代天文学家把天上的星宿和地上的区域联系起来，地上的某一区域都划定在星空的某一范围之内，称为分野。中峰，指主峰太乙。这句指以太乙为标志，东西两边就分属不同星宿的分野了。

太乙即是“泰一”“太一”。在这诗里是指山，可见太一包含多个意思，可以指：

1. 太一，上帝，也作“泰一”。《史记·封禅书》：“天神贵者太一，太一佐曰五帝，古者天子以春秋祭太一东南郊”，“太一、泽山君地长用牛”。《索隐》：“宋均云：天一、太一，北极神之别名。”又《天官书》：“中宫天极星，其一明者，太一常居也。”《正义》：“泰一，天帝之别名也。刘伯庄云：泰一，天神之最尊贵者也。”《淮南子·天文训》：“太微者，太一之庭也。紫宫者，太一之居也。”《周礼》注：“昊天上帝，又名太一。”《易纬乾凿度》郑玄注：“太一者，北辰之神名也。居其所，曰太一。”《五经通义》：“天皇大帝亦曰太一。”

2. 形成天地的元气。《礼记·礼运》：“必本于太一，分而为天地，转而为阴阳，变而为四时。”其注：“太，音泰。”疏：“太一者，谓天地未分混沌之元气也。”《淮南子·诠言训》：“洞同天地，混沌为朴，未造而成物，谓之太一。”

3. “道”的别称。《庄子·天下》：“建之以常无有，主之以太一。”成玄英注：“太者，广大之名。一以不二为名，言大道旷荡，无不制围，囊括万有，通而为一，故谓之太一。”《吕氏春秋·大乐》：“道也者，至精也，不可为形，不可为名，强为之名，谓之太一。” 又：“万物所出，造于太一。”注：“太一，道也。”

4. 星名，属紫微垣。《史记·天官书》：“中宫天极星，其一明者，太一常居也。”《步天歌》：“左右四星是四辅，天一太一当门路。”《星经》：“太一星在天一南半度，天帝神，主使十六神。”

5. 山名，也作太乙，即今天的终南山。汉张衡《西京赋》：“于前则终南太一。”裴骃《史记集解》引《地理志》说：“太一山，古文以为终南。”这是因古人以中原地区的终南山为天下山的中心，犹如北辰为天的中心，故王维诗云“太乙近天都”，东西由此分野。

细心者当会发现：以上这五种解释，看起来复杂，而其实都是相关的。犹如一个字，有其本义，也有引申义。“太一”指北斗、北辰，这就是它的本义。它是整个天庭的主宰，所以太一又是上帝，它也是世界的主宰。可是中国人讲的上帝其实又并不是西方那种人格神，只是指一种德、位、作用，因此说太一其实就是道或元气，化生万物。

九州地理观

19 世纪后期，英国人博克尔所著《英国文明史》代表的地理决定论风靡一时，中国也受其影响。如梁启超有《地理与文明之关系》《近代学风之地理分布》，刘师培有《南北学派不同论》，蒙文通《古史甄微》也是把上古族群分成江汉（炎族）、河洛（黄族）、海岱（泰族）三系。徐中舒《从古书中推测之殷周民族》分殷周为东、西两族，傅斯年《夷夏东西说》谓夷商在东、夏周在西，徐旭生《中国古史的传说时代》分华夏（西）、东夷（东）、苗蛮（南）三系等亦皆是这类思想之产物，傅斯年还曾翻译博克尔之书前五章，写了《地理史观》一文。

地理史观，是把地理看成解释历史之决定性线索。相较之下，钱穆写《古史地理论丛》《史记地名考》，其弟子严耕望著《唐代交通图考》等，则属于历史地理学。研究历史上的地理问题，取径与地理史观不尽相同，但彼此颇有桴鼓呼应之效。

故地理之学，自清末民国以来，颇为煊赫。至20世纪30年代乃有顾颉刚之《禹贡》半月刊及学会崛起。论者多谓顾氏治史，在《古史辨》时代乃破坏的，在《禹贡》时代则为建设的，评价尚在前者之上。

而“禹贡”也者，取名即本于《尚书·禹贡》。

让我们从《幼学琼林·地舆》头两句“黄帝画野，始分都邑；夏禹治水，初奠山川”开始谈。第一句说分野，指天上星宿跟地理的配合，王维《终南山》中“分野中峰变”即指此。其实分野并不起于黄帝，而正是《禹贡》。所以刘禹锡《送华阴尉张苕赴邕府使幕》说：“分野穷禹画，人烟过虞巡。不言此行远，所乐相知新。”据《史记·天官书》，具体分法是：

1. 角、亢、氐：兖州。2. 房、心：豫州。3. 尾、箕：幽州。4. 斗：江州、湖州。5. 牛、女：扬州。6. 虚、危：青州。7. 室、壁：并州。8. 奎、娄、胃：徐州。9. 昴、毕：冀州。10. 觜、参：益州。11. 井、鬼：雍州。12. 柳、星、张：三河。13. 翼、轸：荆州。

以上是按照各州来划分，《淮南子·天文训》则按照列国划分，大致如下：

1. 角、亢：郑。2. 氐、房、心：宋。3. 尾、箕：燕。4. 斗、牛：越。5. 女：吴。6. 虚、危：齐。7. 室、壁：卫。8. 奎、娄：鲁。9. 胃、昴、毕：魏。10. 觜、参：赵。11. 井、鬼：秦。12. 柳、星、张：周。13. 翼、轸：楚。

分野说很复杂，在政治、风水、命理等方面都有运用。在文学上的应用情形，则可以唐王勃《滕王阁序》第一段来做示例：

> 豫章故郡，洪都新府。星分翼轸，地接衡庐。襟三江而带五湖，控蛮荆而引瓯越。物华天宝，龙光射牛斗之墟；人杰地灵，徐孺下陈蕃之榻。雄州雾列，俊采星驰。台隍枕夷夏之交，宾主尽东南之美。都督阎公之雅望，棨戟遥临；宇文新州之懿范，襜帷暂驻。十旬休假，胜友如云；千里逢迎，高朋满座。腾蛟起凤，孟学士之词宗；紫电青霜，王将军之武库。家君作宰，路出名区，童子何知，躬逢胜饯。

这一段又可分为两部分，第一部分全讲地理，第二部分说“我”为何来到这个地方。稍解释一下：

滕王阁，在今江西南昌。豫章，汉郡名，唐改为洪州，所以称豫章为故郡，洪都为新府。南昌本是豫章郡治所在的县名，到五代南唐时才改为郡名。“星分翼轸，地接衡庐”：古人习惯以天上星宿与地上区域相对应，称为“分野”。据《晋书·天文志上》，豫章属吴地，吴越、扬州当牛、斗二星的分野，与翼、轸二星相邻。衡指衡山，此代指衡州（治所在湖南衡阳）。庐指庐山，此代指江州（治所在江西九江）。“襟三江而带五湖，控蛮荆而引瓯越”：因豫章在三江上游，如衣之襟。三江，指太湖的支流松江、娄江、东江，泛指长江中下游的江河。五湖，一说指太湖的别名，其派有五，故称五湖。又一说指南方之湖：“洞庭，一也；青草，二也；鄱阳，三也；彭蠡，四也；太湖，五也。”（杨慎《丹铅总录》）蛮荆，古代称楚地为蛮荆，今湖北、湖南一带。瓯越，古越地，今浙江地区。古东越王都于东瓯（今浙江永嘉），境内有瓯江。

整段都用地理来铺排，紧扣滕王阁。事实上这也是中国文学写亭台楼阁之惯技，写法从汉赋来，欧阳修写醉翁亭、范仲淹写岳阳楼都差不多。诗法常说写景需“庶几移不动”，扣死地理，自然就移不动了，故一般都这样写，王勃此文尤为典范。

九州之名，古已有之。最早提及九州的当属《尚书·禹贡》。古人认为《禹贡》是“禹别九州，随山浚川，任土作贡”而作，最终，“九州攸同。四隩既宅，九州刊旅，九川涤源，九泽既陂，四海会同，六府孔修”。

其实这是上古中国人对天下的认识。把天下看作一个整体，以帝都为中心，向外扩展。五百里之内为“甸服”，即王畿；再向外五百里为“侯服”，即诸侯领地；再次为“绥服”（已绥靖地区，即中国文化所及的边境地区）、“要服”（结盟的外族地区）和“荒服”（未开化地区）。这表明了赋制和政治文化影响随距离帝都的远近而不同。

《禹贡》作为中国最古老、最系统的地理文献，体现出明确的地理观念，所以它对中国后世地理学的发展，产生了深远的影响。宋代毛晃《禹贡指南》、程大昌《禹贡论》、傅寅《禹贡说断》，清代朱鹤龄《禹贡长笺》、胡渭《禹贡锥指》、徐文靖《禹贡会笺》、焦循《禹贡郑注释》、马俊良《禹贡注》、王纲振《禹贡逆志》、张能恭《禹贡订传》、黄翼登《禹贡注删》、夏之芳《禹贡汇览》、夏允彝《禹贡古今合注》等，都是对它重要的研究。

《禹贡》与《山海经》为中国地理学两大文献，但论实际影响，它比《山海经》大得多，因为中国实际地理区划皆本于它，分中国为九州，形成了中国的基本疆域观及区域划分传统。后世行政区划变来变去，朝代版图屡有增扩，乃至世界观不断扩大，仍不能脱离《禹贡》规模，只是在它上头再做一些补充变造而已。

例如，战国时期邹衍提出了一种新世界观，比《禹贡》大了许多倍，当时人称他为“谈天衍”，可见是恢廓无涯的宇宙论。但这种宇宙论仍须依附于《禹贡》的九州说，称为大九州理论，谓天下有九州，中国仅居其一，而九州之外更有九州，李商隐《马嵬·其二》诗云：“海外徒闻更九州，他生未卜此生休。”就用这个典。显然邹衍新说仍须套着《禹贡》的旧说来讲，后世更没有试图打破它的人了。中国古代那么强，却没有发展出世界殖民行动或思想、没有领土扩张的概念，从来都在战略上采取守势，只说“国防”，而不说“征服”，也是因自《禹贡》以来，即形成了根深蒂固的中国地理观，觉得中国就该以此九州为限。此外皆为海外荒服，属于《山海经》的《大荒经》《海外经》一类地方，不该强行纳归己有。地理观之影响文化思维，可见一斑。

中国在哪里

一、中国观的确定

武王革命，主要是政治意义的，周公制礼作乐，才使得这个变革具有丰富的文化意涵。而这次文化变革，既因又革，既创又述，在历史观上奠定了一种特殊的模式，周公本人也因此而成为“集大成的创制者”，成了一个人物典范。

他还有一个值得重视之处，那就是：他是“中国”概念的确定者。

前面谈历史因革主要在时间之流中的问题，“中国”涉及的则是空间问题。《尚书·梓材》载周公进谏武王时，即提及“中国”：“皇天既付中国民越厥疆土于先王，肆王惟德用，和怿先后迷民，用怿先王受命。”在此之前，《诗经·大雅·荡》中也用文王的口吻说：“咨！咨女殷商，女炰烋于中国，敛怨以为德……如蜩如螗，如沸如羹，小大近丧，人尚乎由行。内奰于中国，覃及鬼方。”

在他们之前，与此相关的另一概念“四方”，早已出现于《禹贡》：“九州攸同，四隅既宅……四海会同”，“迄于四海”。四海，是说禹所规划的整个区域，到达四边海隅。隅，就是水涯。这个讲法，与《皋陶谟》说“光天之下，至于海隅苍生，万邦黎献”恰相符应，代表古人早期的天下观。整个天宇苍穹盖覆之下的大地，四边为海水所包围，王者治理之地即为此天下。四海之内，所有土地均含在内。《诗经·小雅·北山》说“溥天之下，莫非王土”，即指此义。其实这是很早就有的观念。天下广有四海，包涉万邦，因此，它本身不是民族国家的讲法，而是由天、由上帝的角度说，大气磅礴，总摄四方。如《诗经·大雅·皇矣》所说：“皇矣上帝，临下有赫。监视四方，求民之瘼。”所有四方万邦，都在上帝的眷顾与监察之下，故《召诰》云：“呜呼！天亦哀于四方民。”

在天的注视下，所有邦国都是一样的，四方之民都是天所哀矜的。虽是小邦，也可能格外获得天眷，如周那样：“天休于宁王，兴我小邦周。”（《大诰》）大邦也可能获得天谴，如殷那般：“皇天改大邦殷之命。”

“天下”“万邦”这些观念下的国，也就是邦国之义。或邦等于国，如《酒诰》说“乃穆考文王，肇国在西土”，这个国就是周邦。或邦中又分若干国，如《诗经·商颂·殷武》说“命于下国，封建厥福”，这个国就是殷邦内部的诸国。

文王周公所说的“中国”，却是相对于这些观念而说的，与它们不同。在万邦诸国之中，“中国”跟一般邦国不同，是特殊的国。

中国与四方相对，所以《诗经·大雅·民劳》说：“民亦劳止，汔可小康。惠此中国，以绥四方。”从前讲四方，是天底下直抵海隅的四方各地；现在，则是中央有一国，其余才是四方各国。

“中国”作为一个相对于“四方”的概念，不只是空间上一在中央，一分列四方，更在于它具价值判断。“中国”所代表的文化价值意义，甚且超越了空间上的意义。这在文王、周公的用法中就已明确可见。因为文王崛起西岐，若以空间疆域说，他只是西伯，其国只能是西土西方，岂宜说中国如何如何？周公说“皇天既付中国民越厥疆土于先王，肆王惟德用”云云，则表明“中国”之具体内涵在于天命与德治的应和关系上。因此，“中国”乃是有德之地。

相对来说，四方就是德义较逊之邦了。后来乃以此而形成了华夷之辨，“中国/四方”、“华夏/四夷”等区分，皆本于此。如《左传·僖公二十五年》载周王赐晋侯以阳樊之地，阳樊不服，围之。苍葛呼曰：“德以柔中国，刑以威四夷，宜吾不敢服也。”《大学》载：“唯仁人放流之，迸诸四夷，不与同中国。”孟子说：“当尧之时，天下犹未平，洪水横流，泛滥于天下，草木畅茂，禽兽繁殖，五谷不登，禽兽逼人，兽蹄鸟迹之道，交于中国……禹疏大河……然后中国得而食也……教以人伦……吾闻用夏变夷，未闻变于夷者也。陈良，楚产也，悦周公、仲尼之道，北学于中国。”（《孟子·滕文公上》）中国与四夷相对，都用以代表文明昌盛之地、礼义之邦。而这个概念及夷夏之分，孟子也很清楚地将之推本于周公。

“中国”这个概念，在中国思想史上的重要性，是不待多说的。

中国人以此指明并辨识自我，中国以此为国号，中国自认为是礼义之邦，中国人在文化意义上强调华夷之辨，对四裔邦国有文化自豪感，而且向来倾向以文化而非以政治体统治辖区来界定中国等，都与周公确定中国这个概念有关。

四方，这时已成了四夷，其地位与中国不可相提并论，是以殷商时代仍祭奉的方神也不再有作用了。殷时崇祀，是要向四方神献祭祀求的，例如“壬辰卜，其宁疾于四方，三羌又九犬”（《合集》，30178），指以三羌人、九条犬献祭四方神，以宁息疾病；“甲子卜，其求而于东方”（同上），向东方神祈雨；“南方受耳”（《屯南》，2377），南方神授予丰年。这是关联着四方而有的神。可是到周初，四方就不再有神义，只指方位。要到战国时期，才再结合中央，形成东西南北中五方帝的新讲法，或说东西南北之上还有一个上帝，五帝则为其佐。《周礼·春官·小宗伯》说“兆五帝于四郊”就明显是战国以后的说法，非周公时的观念。至于郑玄注“苍曰灵威仰，大昊食焉。赤曰赤熛怒，炎帝食焉。黄曰含枢纽，黄帝食焉。白曰白招拒，少昊食焉。黑曰汁光纪，颛顼食焉”，把五方帝神跟上古五帝结合起来，更是受汉代纬书的影响而然，也不是周公时能有的观念。

二、中国在哪里

但现在的中国又在哪里呢？因为如今中华文化存处的社会已经

是个很不一样的社会了。一方面中国人散处世界各地，中华文化的疆界性与民族或国族的联系都越来越与从前不相同；另一方面，中国在政治上分踞海峡两岸，致使同一文化体现出了两种历史进程与文化的社会实践，中华文化与区域文化间亦形成辩证的发展。上述这两点都与整个世界之全球化有关，因此，我们也有必要再就全球化的问题加以讨论。

全球化的概念争论甚多，对于世界何时开始全球化，论者也有不同的看法。华勒斯坦认为始于16世纪殖民主义开始并建立资本主义世界体系之际，另有些人则主张始于跨国集团兴起时，或起于固定汇率废止时、东欧集团瓦解时等等。

但无论怎么说，全球化云云，都是针对“民族国家”而说的，表明现今社会已不再是一个以民族为主要行动者的场域与时代了，它强调跨国行动者、跨国认同、跨国社会空间、跨国形势、跨国过程中的冲突与交错等等。

在全球化这个趋势被学界普遍重视之际，文化全球化的说法也甚嚣尘上。所谓文化全球化，又称麦当劳化，意味着生活风格、文化象征和跨国行为方式之统一化与普遍化。不论是在德国巴戈利亚的乡村，或是在印度加尔各答、新加坡，还是里约热内卢，都有人在“消费”《星际大战》、穿蓝色牛仔装、抽着象征“自由、未开发的自然”的万宝路（Marlboro）香烟。所以“欧洲迪斯尼乐园”总裁才会说：“迪斯尼的特色有普世的适用性。您若想要使一个意大利小孩相信：polino（‘米老鼠’的意大利称呼）是美国的，您一定会失败。”似乎一个文化的单一世界已隐然成形。

但罗兰·罗伯特（Roland Robertson）却认为并非如此，他说全球化并不即是单面向的全球化，而单面向的全球化才是全球化论争中误解的来源。因为从经济的考量可以知道：全球化不只意味着“解地方化”，而是需要以“再地方化”为先决条件。“全球”，从字面上而言，是无人能制造出来的。而且正因为公司在“全球范围”生产和行销其产品，才必须发展地方的条件。一方面，它们的产品是形成、立基于地方的基础上；另一方面，能在全球范围内行销的文化象征，必须汲取地方文化的原材料，如此才能生动、具爆发力和多样化的发展。“全球”意指“同时在多个地方”，亦即跨地方（translocal）。因此，在大企业集团的考量中，这种地方和全球的关系扮演着重要的角色，并不值得惊讶。可口可乐和新力集团将他们的策略描述成“全球地方化”。他们的主管和经理均强调，全球化并不是指在世界上各个地方建造工厂，而是指成为各个文化的一部分。这种认识、这种企业策略，被称为“地方主义”。随着全球化的实现，地方主义也越来越重要。

可是，再地方化也不一定就表示地方的复兴。因为在地方色彩的复苏中，也同时隐含着解地方化。或者说，再地方化是经由无止尽的解地方化来进行的，不能等同于单方向的“继续这样”的传统主义。那种古老的、狭隘的乡土主义，现在已不再具有实践力。这是因为表现地方意义的相关架构改变了。故地方文化不再能直接通过对世界的防御来证明自己的正确性，决定自己的方向和自我更新。

这个讲法瓦解了旧有的民族文化想象。过去我们总觉得每一个社会或是社会团体都具有“一个”“自己的”，与其他文化有区隔的文化。此种想象可追溯到19世纪的浪漫主义，并且在20世纪经由人类学继续发展，特别是将文化理解成整体、形态或结构的文化相对主义。可是，现在我们注意到：这“一个”文化是在全球的关系网络中，参与到许多文化中，不断辩证地发展。不但可口可乐在中国，中国也在世界各个地方。

马尔腾·海耶尔（Maarten Hajer）曾描述过“地方的跨国化”：“跨国化在文化、人和地方之间产生了新的连接，而且因此改变了我们的日常生活环境。它不仅将至今少有人知的产品带进了超级市场（例如Darians、Ciabattas或Pide），将符号和象征带进了我们的城市（例如中国和日本的文字或是伊斯兰音乐），而且还有许多新团体和新人类出现在城市中，他们塑造了许多当代公民对大城市的认知。这些人包括了非洲人、波斯尼亚人、克罗地亚人、波兰人和俄国人，还有日本人和美国人。”全球的地方化，事实上同时也就是这种地方的跨国化。在这种新情势中，“一个”“自己”的文化实际上并不存在。

贝克（Ulrich Beck）《全球化危机：全球化的形成、风险与机会》中曾引艾利·戴特模斯（Patricia Allay-Dettmers）《琐碎艺术》一书的论证，说明在跨国社会空间中，非洲不是地理上固定大小的一块地方，不是地球上可界定的一个区域，而是一跨国概念及其演出。此一非洲概念在世界上许多地方（在加勒比海、在曼哈顿的贫民区，在美国南方各州、在巴西的嘉年华会，甚至在伦敦举行的欧洲最大的街头化妆舞会中）上演。在伦敦的化妆舞会中，面具、音乐、服装及舞蹈的选择都系依据一个主题课本来计划和设计。在主题的选择上，有两个原则：一、这些主题吸收了具有世界普遍性的文化“非洲”概念；二、这些主题同时也配合了伦敦市郊黑人次文化的特色。可是，整个非洲大陆并没有一件事情能符合在伦敦街头上演的非洲。而且，在疆界业已消失的世界社会中，非洲在哪里出现？位于哪里？在殖民地者于非洲遗留下的废墟中？在正处于现代化中途的非洲大城市面貌中？在非洲的四星级饭店中？在有组织的非洲旅行团中？在美国黑人的寻根希望和幻影中？在西方大学撰写的非洲书籍里？或者在加勒比海区域以及文化的五光十色中？或者，甚至在英国黑人次文化对于民族认同的争取中？

本此，贝克也在问：“什么是欧洲？”答案是“欧洲不是一个地理空间，而是一个‘想象的空间’”。对于中国，同样也可以作这样的类拟思考。中国在哪里？在北京中南海、在台北介寿馆、在苗疆瑶族的歌舞里、在南投县集集镇大地震的灾区中、在慈济功德会、在东南亚各宗乡会馆、在北美各地的唐人街……它无所不在。它也不是一个地区，而是一个概念，而且这个概念还正在与各所在地文化融合抟塑中，形成各地中华文化。这是华夏文化的一个新局面、新社会空间。因此，华夏文明全球化、全球地方化，未来必然还有许多题目好做，且让我们期待，且让我们努力吧。

圣人岂有种乎？

新种族主义近年气势高涨，要不就把岳飞、文天祥删出教科书；要不则倡言辽、金、元、清都不属于中国政权；或者说厓山之后无中国；或又谓普通话是满人搞出来的；再不则重提扬州十日、嘉定三屠等。种族间的碰撞与不愉快，总拿历史来说事，而且都说得义愤填膺的。

我颇为此担忧，但殊不敢撄其锋，这里仅就辽、金、元的情况说说。

宋朝时，北方还同时存在着西夏、辽、金等非汉族政权。族属不同，文化自异。但立国以后，它们均不约而同地出现着汉化的趋向。西夏规仿汉字，自创文字；辽金则渐采汉字。其汉化程度不一，文学上的表现也不一。

辽耶律俨《皇朝实录》自称契丹为黄帝之后，《辽史·太祖纪赞》和《世表序》则主张契丹为炎帝之后。近年在云南发现的契丹遗裔，还保存明代的《施甸长官司族谱》，卷首附一首七言诗曰："辽之先祖始炎帝……"

辽人并没有编过本朝人的作品总集。清代以降，才先后出现了五部全集性总集：韩小亭《辽文存》、缪荃孙《辽文存》、王仁俊《辽文萃》、黄任恒《辽文补录》、罗福颐《辽文续拾》。当代学者陈述又辑成《全辽文》，可见出其汉化之成绩。

当然，整体上说，辽文所存不多，词仅十首，小说绝无，其他约可分诗、文两类，文又分骈文、散文。文学发展之大势可分为：（一）文学启蒙期（自太祖迄景宗五朝）；（二）文学生长期（圣宗、兴宗两朝）；（三）文学极盛期（道宗、天祚两朝）。

辽自太祖耶律阿保机立国即濡染汉族文化，上层贵族中颇有工于辞章者，女作家懿德皇后萧观音和天祚文妃萧瑟瑟的文学成就尤可称道。可是毕竟时日尚短，且文献难征，名家也就是耶律隆绪、耶律宗真、耶律洪基、萧观音、萧瑟瑟、耶律倍这几个人，其余的只有历史价值，显示了北方民族从事汉文学的历程。

因此陈衍在《辽诗纪事序》中就说辽代文学不如金代："辽地据朔漠，风气大远于中原；又全国贵仕不出耶律、萧二族，中土文士非万不得已，谁乐归附者？完颜氏奄有山左右、河南北区域，幽并燕赵之气，济以海岱河岳之英灵，益以大定、明昌、泰和数十年之作人，耆宿党怀英、宇文虚中、吴激、蔡松年之伦，濡染沾溉；故黄华、闲闲、遗山、鹤鸣辈，以逮河汾诸老，蔚为诗歌，视天水南渡，几有过无不及。辽则名家寥寥，当于懿德皇后，首偻一指，次则文妃瑟瑟、耶律乙荦、东丹王诸人而已。”

其中，最可注意者是王鼎《焚椒录》。此书记述道宗懿德皇后萧观音的生平、文学创作以及被耶律乙荦诬陷致死之始末，录存其二十四首诗词并详述其创作缘由。其中涉及《十香词》淫词冤案，令人对辽国的文学情境充满想象。

金属女真族，与我国史书中的肃慎、挹娄、勿吉、靺鞨有一脉相承的历史渊源，辽的契丹族则源出鲜卑宇文部的一支，二者族源不同。金之濡染汉族文化，较辽为晚。太祖灭辽之后，汉文化才渐行。破了北宋后，大取经籍图书，设庠序，定礼乐，皇帝祀孔庙，北面执弟子礼，诸王执经讲论。又以词赋、经义、策论、律科等科取士，汉文化乃大昌。

故清人庄仲方《金文雅·序》云：“金初无文字也。自太祖得辽人韩昉而言始文。太宗入宋汴州，取经籍图书。宋宇文虚中、张斛、蔡松年、高士谈辈后先归之，而文字熠兴。”这些人，早期的，本是辽人，因此可说辽文学对金之发展汉文学起了很好的过渡或接引作用。后来继而推展汉文学的，又都本是宋人，其文学表现自然仍与北宋相衔接，只是移地发声罢了。

金朝自己培养起来的文士，则要到世宗以后。世宗大定元年到卫绍王崇庆元年（即南宋高宗绍兴三十一年至宁宗嘉定五年，1161—1212）是金文学大盛之时，后来元好问曾描述道：“大定以还，文治既洽，教育亦至，名氏之旧与乡里之彦，率由科举之选。父兄之渊源，师友之讲习，义理益明，利禄益轻，一变五代辽季衰陋之

俗。”（《元遗山文集》卷十八《内相文献杨公神道碑铭》）

世宗是贤君，时称“小尧舜”。在位二十九年，与宋媾和，文教昌明。章宗继位，尤好文儒，汉化益深，文士辈出。宣宗贞祐元年（1213）以后，蒙古崛起，金面临了衰亡的威胁，文人也不能不感时忧乱起来。所以贞祐以至国亡（1213—1234），别为一期，国家不幸诗家幸，文学的表现更为可观。

由元好问的话里，我们就可以看出金人在文学上是瞧不起五代和辽的，他们认可北宋文学，并以北宋文学的继承人自居。

原因是他们向慕汉文化，自海陵王以后便“见江南衣冠文物，朝仪位著而慕之”（《大金国志》卷十三）。据有中原之后，更以中原正统自命，元好问《病中感寓赠徐威卿兼简曹益甫高圣举》诗有云“正赖天民有先觉，岂容文统落私权”，大倡文统；又另有《闲闲公墓志铭》说：“文之废兴可考也……及翰林蔡公正甫，出于大学大丞相之世业……唐宋文派乃得正传。”

唐宋文派的“宋”指北宋。此文派一脉相承，金朝文人自诩得其正传。后来郝经替元氏作墓志铭也说元氏又继承了这个文统：“汴梁亡，故老皆尽，先生遂为一代宗匠……识斯学之正，而传其命脉，系而不绝，其有功于世又大也。”可见他们是有意识地传承正统。

金人对汉文化之经史儒业是整体吸收了的，但论道统少而论文统多，殆因人们对文化的吸收与接受，本来就是有选择的。北宋以后，程学行于南，苏学盛于北。金朝，大抵就是北宋以东坡为核心的文学之延续，无论观念和表现均是如此。

他们亦主“文与道俱”，往往原本六经，多见道之语。古文或宗韩愈，或学欧阳修，清刚隽上，足继北宋。诗则从北宋欧苏入手，以进窥三唐。词，也走诗化的路子，宗法东坡。当时最重要的文学批评家王若虚曾说：“陈后山谓子瞻以诗为词，大是妄论。……盖诗词只是一理，不容异观。”（《滹南遗老集》）元遗山也说：“唐歌词多宫体，又皆极力为之。自东坡一出，情性之外，不知有文字，真有一洗万古凡马空气象。”（《新乐府·引》）合二说以观之，我们即晓得他们推崇东坡之故，系因彼等拥有跟东坡他们一样的文学观：文学不只是文字技艺，重点应要表达一种士夫的人格心境，诗应如此，词亦然。

凡此，均可见金元文学乃是北宋文风之延续。近人或担心如此说会被批评是汉文化中心主义，转而说少数民族虽倾慕中原文明，对汉文化表现出强烈的认同；但少数民族文化也源源不断地向中原地区汇聚，为汉文化输入了新鲜血液，使多元一体、具有丰富内涵的中华文化形成兼收并蓄多民族文化之长的完整体系云云。其实，有这个必要吗？

由于金元文学只是北宋文风之延续，这种文风，前文叙之已详，金朝并无大异，故亦不必再予赘说。要谈的是由此衍生的一个问题：金若以承继北宋正统自命，与南宋文风岂非形成了对抗意识？在他们宗本东坡之际，南方正流行着江西诗派，南北诗风是否即因此而异？

金朝确实有些人（例如王若虚）是不喜黄山谷的，元遗山《题中州集末》也有“北人不拾江西唾，未要曾郎借齿牙”之语，《论诗绝句》更说：“论诗宁下涪翁拜，不作江西社里人。”看来北方确实是薄黄而尊苏了。历来评论亦皆以为如此，其实大谬不然。

金人承继北宋，乃其大势。在学北宋时，学苏的虽多，可是学黄也不少，故《归潜志》载金朝“子弟辈读苏黄诗”；即使元遗山也“宁下涪翁拜”，（遗山自谓“近世唯山谷最知子美……山谷之不注杜诗，试取《大雅堂记》读之，则知此公注杜诗已竟。可为知者道，难为俗人言也”，“诗卷亲来酒盏疏，朝吟竹隐暮南湖。袖中新句知多少，坡谷前头敢道无”，于山谷之诗与诗学，极为钦迟。）可见薄黄并无普遍性。

相反的，王若虚之反黄，恰是时代风气之逆反心理。因为当时黄诗已甚流行，有人甚至认为黄超过了苏，所以他才要反击。《山谷于诗，每与东坡相抗，门人亲党遂谓过之。而今之作者，亦多以为然。余尝戏作四绝云》其中之一说：“已觉祖师低一着，纷纷法嗣复何人。”依此即可知当日北方其实正流行着江西宗派诗。

那么，他们是不薄苏黄而不屑于江西吗？也不对！元遗山《寄谢常君卿诗》云：“百过新篇卷又披，得君重恨十年迟。文除岭外初无例，诗学江西又一奇。”于学江西诗者，未尝不推重之。《中州集》卷三载刘仲尹事也说仲尹“诗、乐府俱有蕴藉，参涪翁而得法者也”。论者每牵引遗山《自题中州集后五首》之二“北人不拾江西唾”语，而忽略此等推重时人学习江西之例，故非笃论。且北人不拾江西唾云云，究竟说的是什么，古今论者其实也根本不知道。

案：遗山诗曰："陶谢风流到百家，半山老眼净无花。北人不拾江西唾，未要曾郎借齿牙。"诗是为自选《中州集》编成而作的，自负衡鉴，故以王安石选《唐百诗选》自况。谓陶谢而后，擅文采之风流者，王安石已选为百家。选撷很精。今我之选录中州人物，自有体例，也非拾人牙慧者。"江西唾"，非指江西诗社宗派，乃指荆公与曾慥。王安石是江西人；曾慥，字端伯，为鲁公裔孙，守赣州。尝选《皇宋诗选》五十七卷，录寇准以下二百余家，系续王编而作。然不选欧王苏黄。故《直斋书录解题》谓其识见不高，去取无法。元遗山之编《中州集》亦是继王编而作，手眼则与曾慥异趣，三四句云云，正是与曾编争胜之意。

明朝以来，直到郭绍虞、钱钟书诸先生，都没搞懂其立说之原委，骤见"江西"二字，便以为是指江西诗社，复牵联而生南北文艺不同之想。再以臆度和联想，混杂在出主入奴的宗派意识中，投射到历史事件上。于是虚构出文人意识上的南北对抗、尊黄与尊苏的对抗等等，乱点鸳鸯谱矣。

也就是说：金人虽以继承北宋文统自居，但南北畛域之见不深，对南宋的文学表现并不排斥，亦无敌体意识。诗之外，论词便极推辛稼轩，元氏《遗山乐府引》谓："乐府以来，东坡第一，以后便到辛稼轩。"同样，南宋张炎也在《词源》中赞赏元氏："观遗山词，深于用事，精于炼句，有风流蕴藉处不减周秦。"足证南北地域及政权虽别，却不因此而影响文学的审美判断，对彼方的文学表现并不一味排斥。

辽金国祚皆短。金朝最重要的文学家元好问，在金亡之后又在蒙古统治下生活了廿五年，卒后三年，忽必烈才即大汗位。文学之难以用朝代来划分，正因此类事例太多。当时的文人及文学，大抵即是金元所产，犹如金初文人本属辽及北宋那样。至元十三年（1276）攻陷临安以后，南宋文人又入了元朝，宋金遗民俱成为元代文学史上的主力了。

所谓遗民，此处是泛指。一种是重气节，不仕异朝的，如北方之元好问、李俊民、段克己、段成己、刘因，南方的谢翱、郑思肖、汪元量。另一种是成长于宋金，入元后再仕，但仍为保存汉文化而努力者，如北方的耶律楚材、刘秉忠、许衡、姚枢、郝经、王恽，南方的程钜夫、赵孟頫、戴表元、方回等文化遗民。两类人都对汉文化之保存与发扬贡献不小。

如元遗山于北渡前上书耶律楚材，推荐各地名儒文士五十四人，对元初政治及推展汉文化影响非细。又上表奉忽必烈为儒教大宗师，请蠲免儒户兵赋，使儒生地位得以提高，生活获有保障。再则来往于山东、山西、河北、河南等处讲学，徐世隆《遗山先生文集序》称："自中州斫丧，文气奄奄几绝，起衰救坏，时望在遗山。遗山虽无位柄，亦自知天之所以畀付者为不轻，故力以斯文为己任，周流乎齐、鲁、燕、赵、晋、魏之间几三十年。"所著《中州集》《唐诗鼓吹》《杜诗学》《东坡诗雅》《东坡乐府集选》等，实开元诗之端。这样的人，以"野史"自名，独为文化之继绝存亡而努力，自堪钦敬。

可是仕元者也未必可轻，如耶律楚材就很可注意。

耶律楚材（1190—1244），是元代成吉思汗、窝阔台汗两朝最受重视的人物，对蒙古人统治中原、树立制度颇有贡献。他曾请窝阔台恢复汉地的秩序及安抚士人。并设置十路征收课程使，以儒者为之（1229），恢复衍圣公的职位（1233），设立编修所、经籍所（1239），以及考选儒士、设置儒户（1237）等，都有利于安定秩序、存续汉文化。他又建议设立国子学。《元史》本传说他“又率大臣子孙，执经解义，俾知圣人之道”，显然就是着眼于他在恢复儒学地位上的贡献。他对佛教也有深切的信仰，早年曾学禅于万松老人行秀门下，后则主张“以儒治国，以佛治心”。

他是辽东丹王八世孙。从传统华夷观念来看，似应属于“夷”。但华夷之辨，关键不在种族，而在文化。据耶律楚材看，他们辽国才是个传承儒家礼乐的地方：辽家遵汉制，孔教祖宣尼。焕若文章备，康哉政事熙。朝廷严衮冕，郊庙奏埙篪，校猎温驰射，行营习正奇。南州走玉帛，诸国畏鞭笞……后辽兴大石，西域统龟兹。万里威声震，百年名教垂……武元平宋地，殷礼杂宗姬。（《湛然居士集》卷十二《怀古一百韵寄张敏之》）

所谓殷礼杂宗姬，是说辽与金自认为是箕子的后裔，秉持殷礼，兼用周礼。其后又接受了孔子的名教思想，故其礼乐文化，巍然为华夏之代表。

这是耶律楚材对自己国族历史文化的认识，也是他用世的凭借。在辽金灭亡后，进入大蒙古帝国，他即一心一意想将这套礼乐文化带进新的帝国，为这个以武力著称的王朝开创文明的新世纪。

他本身是怀抱着这样的理想，才会来到汗庭的。《和耶律子春见寄之二》说："生遇干戈我不辰，十年甘分作俘臣。施仁发政非无据，论道经邦自有人。圣世规模能法古，污俗习染得维新。英雄已入吾皇彀，从此无人更问津。"基于这样的身世与历史文化观，他原本即是个"殷周礼乐真予事，唐舜规模本素心"（《李庭训和予诗见寄复用元韵以谢之》）的人物，其后也终于如愿以偿，将儒家礼乐名教推行于大蒙古帝国。

此外，研究元史的人都知道当时道教与汉文化之保存的关系。成吉思汗信任丘处机，丘处机也利用这个机会保全中原文化。其他道教各派亦均志在保种存文、与汉人文士紧密结合。

举个例子。历代的国子学及太学，向为儒家所掌握，而大蒙古国国子学却由全真教士所主宰，可谓一特殊现象。元自太宗窝阔台时期即设立之国子学，有总教官三人，下设管勾二人，由儒人（秀才）充任。教读者四人，其中儒人与道士各半，皆由总教官拣选。国子学有关人员中，最重要的是三名总教官。其中李志常、冯志亨皆为全真道士。可见不但在一般意义的保存汉文化方面，全真教成为主力，连国子学也由道士主持。所讲授者，除《老子》外，俱为儒家经典，如《易》《传》《书》《孝经》等等。

由耶律楚材、全真教和元遗山的事例，可知蒙古之接受汉文化，主要是在破金以后，经由耶律楚材和元遗山等在朝在野两类人之努力，形成了基本文化路线。尔后持发皇之，并于破宋之后，由宋遗民再继续灌注汉文化之汁液，遂合南北综益之效，形成一段奇异的文学景观。

但元朝不是十分鄙视儒生吗？所谓“九儒十丐”，儒者地位甚低，所以才有不少人沉沦下僚或流落勾栏瓦舍，编曲谋生。过去解释元曲之所以兴盛，不正以此为主要理由吗？

此说当然也是错的！

如前所述，大蒙古国早在忽必烈建立元朝之前，即已建立国子学，兼收各族官员子弟，教以汉文典籍；并考选儒生，设置儒户。1260年忽必烈建国于中原后，更将以草原为重心的大蒙古国改建为以汉地为重心的元朝，恢复中土官僚制政府。至元七年（1270）重建国子学，以大儒许衡主持。后继者铁穆尔汗。大德八年（1304）起又实施国子贡法，国子生考试及格即可任官。延祐元年（1314）再恢复科举制度，完全与汉式文官传统接轨了。元朝科举前后共举行十六科，录取进士1139人，其中蒙古人约占300人（朱熹学说在宋朝被视为“伪学”，遭到禁止。元代才被列入科举）。

因此，像黄仁宇那样，说元朝反对儒家思想，也不愿依中国传统文官制度运作；为达目的，忽必烈甚至立喇嘛教为国教，以“构成政教合一，同时也要将中层的知识分子铲除”等等，均可谓瞎说。

元朝被灭后，明人以汉族文化政权自居，刻意将元朝形容成一个夷狄政权及文化，突显其反汉文化反儒的性质，谓其时“九儒十丐”，儒学与儒者地位均不受重视，草原民族亦长于征伐而不善治国。这个观点，过去曾是许多研究元史者的“基本视域”。但研究总会有进展的，不准确的视域与焦距，也终究要调整。

所谓夷夏之辨，正显示于此。孔子作《春秋》曰：“夷狄入中国，则中国之；中国入夷狄，则夷狄之。”就是说不管什么民族，发展了华夏文明，他们就是华夏；而原本华夏之民族，如果抛弃了自己的文明，习用了夷狄的，那就是夷狄了。春秋大义：是夷狄还是华夏，关键不在血统，而在文化。

后来孟子更进一步提出“中国圣王无种说”。认为任何一个种族的人，有本事有文化，都可能成为圣王，承继正统：“舜生于诸冯，迁于负夏，卒于鸣条，东夷之人也；文王生于岐周，卒于毕郢，西夷之人也。”这个观念与讲法，事实上曾经鼓舞了北魏孝文帝，金世宗、章宗等无数异族帝王。忽必烈取《易经》“大哉乾元”之意，将蒙古更名为“大元”，与孝文帝把自己的姓拓跋改成“元”，正是殊途同归的。

宋文化的定位与争议

宋代在我国文化史上的地位，曾是早年清华国学研究院中热门的话题，近来仍有不少继声，甚至衍生出“宋代已是资本主义社会”“厓山之后无中华”之类话题。

2018年8月，罗小虎专访余英时还特别提到这个问题，说：“钱穆先生的《中国近三百年学术史》则主张清学为宋明理学的一个发展，冯友兰也与钱说大致相近。而陈寅恪先生在《邓广铭宋史职官志考证序》中说：‘华夏民族之文化，历数千载之演进，造极于赵宋之世，后渐衰微，终必复振。’他又说，‘将来所止之境，今固未敢断论。惟可一言蔽之曰：宋代学术之复兴，或新宋学之建立是已’。可见钱穆先生和陈寅恪先生都……致力于建立‘新宋学’。”——显然，这个话题目前仍有“当代性”。

一

当年陈寅恪对宋代文化特有会心，或许受了王国维影响，或至少两君在此意见一致。

王氏在《宋代之金石学》中列举了宋代在文化创造上的种种傲人的业绩，然后写道："故天水一朝人智之活动与文化之多方面，前之汉唐、后之元明，皆所不逮也。"

陈寅恪则早在1919年留学美国哈佛时，就驳斥过一般人认为宋代是"衰世"的看法，说："宋元之学问、文艺均大盛，而以朱子集其大成。朱子之在中国，犹西洋中世之Thomas Aquinas，其功至不可没。而今人以宋、元为衰世，学术文章卑劣不足道者，则实大误也。"（引自《吴宓日记》第二册，第103页）。

到了1943年作《邓广铭宋史职官志考证序》时，他又说："吾国近年之学术，如考古历史文艺及思想史等，以世局激荡及外缘薰习之故，咸有显著之变迁。将来所止之境，今固未敢断论。惟可一言蔽之曰：宋代学术之复兴，或新宋学之建立是已。华夏民族之文化，历数千载之演进，造极于赵宋之世。后渐衰微，终必复振。"（《金明馆丛稿二编》，第245页）。陈寅恪先生认为：

（一）赵宋文化乃是华夏民族文化发展的最高成果，处于无可置疑的顶峰地位。

（二）赵宋文化又是今后我国文化发展的指南，我国民族文化的更新，今将走上宋代学术之复兴，或新宋学之建立的道路。到了晚年，1964 年，他仍然坚持：“天水一朝之文化，竟为我民族遗留之瑰宝。孰谓空文于治道学术无裨益耶？”（《赠蒋秉南序》，《寒柳堂集》第 162 页）

王水照《陈寅恪先生的宋代观》一文，认为陈氏如此推崇宋代，是因为“宋代文化正是最充分体现了他的‘中体西用’、以中国文化为本位的文化理念，独立自由的治学宗旨，以及崇尚志节的文人品格的一种文化类型”（《中国文化》十七、十八期合刊，2001 年 3 月）。

所谓中体西用、中国文化本位，是说陈氏认为宋人吸收了佛老而又不失中国之本位。此种成就，足以作为五四新文化运动后中国面对西方文化之参考。所谓宋代有自由治学精神，是说宋人能突破汉学“传不破经”之戒律，以己意说经。所谓宋人具气节，则是他对宋代知识分子的评价。

这三点，我都很不同意。

一、宋人尚气节，固多例证，但相反之例，同样也不少。若说整个时代均以气节相尚，则两宋又未必比得上东汉。以此推崇宋人，令人不明所以。何况宋代党争攻伐之烈，几无是非可说。士大夫知识分子之行事与气量，有待改善之处，恐怕还不少。

二、汉儒说经，乃至六朝隋唐义疏，“传不破经”云云，本来就是后人之误解，从来没这回事儿（详见龚鹏程《孔颖达周易正义研究》，台湾师范大学硕士论文，1979 年）。古人既无此戒律，宋人又如何打破它？且宋人之以己意说经，非打破传统，乃是另造了一个传统，故伊洛渊源、道统传承，门户未必不较汉儒之讲家法师法者更为森严。再者，元祐有党人之碑、理学遭伪学之禁，学术自由之环境也是谈不上的。

三、至于说吸收佛老而不失本位，陈寅恪屡屡言之。其实先生之长唯在考证，对此思想之大势，并不能掌握，所以谈来颇为粗疏，亦多错误。

老庄甚或道教，根本不是外来文化，怎能与佛教混为一谈？可是先生一再混言，说“凡新儒家之学说，几无不有道教，或与道教有关之佛教为之先导”之类荒谬的话，并以此为吸收外来文化之证。

关于佛教，则说宋人“采佛理之精粹，以之注解四书五经，名为阐明古学，实则吸收异教。声言尊孔辟佛，实则佛之义理，已浸渍濡染，与儒教之宗传，合而为一”（引自《吴宓日记》第二册，第102页）。

可是宋人到底吸收了什么佛教义理之精粹呢？三法印？四圣谛？十二因缘？缘起性空？诸法唯识？业力流传？止观？法界观？一念无明法性心？宋人注四书五经时，用了哪一项？以上哪一点已与儒教宗传合而为一？

这是不懂佛教义理的人，看到佛家讲心讲性，宋儒也讲心讲性，就以为宋人是援佛入儒、吸收异教，实则全是胡扯。何况，佛教中国化，由南北朝到宋代，经历了七八百年，其儒家化多么严重！现在倒过来说儒家偷了佛教的东西，岂非盗诬主人？

再说，宋儒之学，重在四书，对五经注解本来就不多，注五经时又用了什么佛理?

换言之，推崇宋代文化者，近人以陈寅恪先生最为知名、最具代表性。但尊之不以其道。所推崇的理由，全非宋代文化之真相貌与真精神。

二

陈寅恪之外，另一种宋代文化观，是胡适提出的。

胡先生在其英文专著*The Chinese Renaissance*(《中国文艺复兴》)中指出：中国唐代以后、五四运动以前，已发生过四次文艺复兴：禅宗的产生，代表中国文化第一次复兴；宋代新儒学以世俗哲学取代中世纪宗教，可看成是第二次文艺复兴；明代戏曲与章回小说兴起，对爱情与人间生活乐趣坦然颂扬，可称为第三次文艺复兴；清代朴学对理学反抗，在文献研究上带来重视证据的新方法，是第四次文艺复兴。

其中，大可注意的，是程朱格物穷理的哲学精神，发展出了“可行的科学方法”。在价值系统上，他们有着与近代西方科学同样的怀疑精神，只服从证据而不轻信权威；在方法上，他们要求每个理论、每个语言学的观点、每段历史陈述都要有事实依据。

故经宋代文艺复兴之后，中国在宋以后八百年的历史中，确实已养成了一种“科学传统”。未来年轻一代，只要吸收西方理论，养成实验习惯，掌握运用精密仪器的技巧，摆脱古老习惯的无意义的抵制，科学文明就能在中国传统文明上继续生长。因为，科学即“系统的知识”，原是中国格物穷理思想的合理发展。〔Hu Shih. *The Chinese Renaissance: The Haskell Lectures 1933*（Chicago : The University of Chicago Press.1934）, Chapter 3.〕

宋代文艺复兴之前，禅宗的文艺复兴，据胡适看，则是中国思想对印度思想的革命。犹如基督新教对原先天主教的革命，废弃了一切仪式、礼拜、忏悔、念经、念佛、寺观、佛像、僧侣、戒律等。但如此还不够。南宗禅更进一步，连禅定也废除了：“当日南北二宗之争，根本之点只是北宗重行，而南宗重知。北宗重在由定发慧，而南宗则重在以慧摄定。故慧能、神会虽口说定慧合一，其实他们只认得慧，不认得定。此是中国思想史上的绝大解放。禅学本已扫除了一切文字障和仪式障，然而还有个禅定在。直到南宗出来，连禅定也一扫而空，那才是彻底的解放了。”（《荷泽大师神会传》，《胡适作品集》一六，第135页）

案：如此论唐宋，真是齐东野语。以慧为知、以定为行，已是大误；谓南宗以慧摄定便是不坐禅、不要禅定，更是笑话。胡适研究过禅宗史，竟对禅宗如此隔膜，不知禅宗仍有丛林、仍有寺庙、仍有戒律、仍有清规、仍有礼拜、仍有忏悔、仍有仪式、仍有经典、仍立文字，实堪骇叹。

他对宋代文化的评价，也同样是河汉其谈。宋人之格物致知，根本不是科学实证的方法，所以伊川尝言：“格物者，适道之始，欲思格物，则固已近道矣。是何也？已收其心而不放也”（《二程遗书》，二五）。“格物穷理，非是要穷尽天下之物，但于一事上穷尽，其他可以类推。至如言孝，其所以焉孝者如何”（十五）。“或问：进修之术何先？曰：莫先于正心诚意。诚意在致知，致知在格物”（十八）。

格物，是为了致知。知什么呢？知万物之理。穷理，乃能尽性。故格物致知，是心性修养上的工夫。伊川释格“物之物”，举“孝”为说，即是此意。《二程遗书》卷十八又云：“致知在格物，格物之理，不若察之于身，其得尤切。”此与卷七说：“致知，但止于至善。为人子止于孝、为人父止于慈之类。不须外面。只务观物理，泛然正如游骑无所归也。”都显示格物之物，不应从外在实际存在的客观物上去求，而是道德修养上的问题。（详龚鹏程《理性与非理性：论近代知识分子的理性精神》，收入《近代思想史散论》，东大图书公司，1990 年）。

因此，胡适所推崇的宋代文化，也非宋代之真面貌真精神。

三

第三种宋代观，则是日本人内藤湖南所提出来的。

据王水照的看法，陈寅恪的宋文化观可能与内藤湖南有关。内藤于 1922 年发表过《概括的唐宋时代观》。“陈氏是否读过内藤氏此文，现已无资料查证；但他看过内藤氏的《蒙古开国之传说》则是可以断言的。因陈氏的《彰所知论与蒙古源流》（1931 年 4 月）

一文中曾引用过。《蒙古开国之传说》原载于1913年《艺文》第四年第一二号，但陈氏所见者为1929年日本弘文堂出版的内藤氏史论集《读史丛录》。《概括的唐宋时代观》是内藤氏的一篇影响极其广泛的著名论文，初刊于1922年《历史与地理》9卷5号，后收入内藤氏的另一史论集《东洋文化史研究》，此集亦弘文堂所刊，与《读史丛录》是前后相衔的。种种迹象表明陈寅恪极有可能看过《概括的唐宋时代观》一文。”（见前引文）

内藤在《概括的唐宋时代观》中指出：“唐和宋在文化的性质上有显著差异：唐代是中世的结束；而宋代则是近世的开始”，“中世和近世的文化状态，究竟有甚么不同？从政治上来说，在于贵族政治的式微和君主独裁的出现”，“总而言之，中国中世和近世的大转变出现在唐宋之际，是读史者应该特别注意的地方”。

陈寅恪则并未使用唐宋对比的方式来论宋文化，也未界定宋文化为“近世”。故陈氏虽可能看过内藤此文，要说曾受其影响则甚为牵强。

内藤之说，在日本史学界被归为京都学派，另有东京历史研究会反对其说，认为宋代并非近世，而是中古。两派争闹，已近百年，其是非非本文所能遽断。但我以为这种唐宋对比的论述形态、将唐宋之交视为中国历史分期之关键时刻的做法，不仅较胡适、陈寅恪之宋代文化观更能掌握宋文化之面貌，分期法本身也更具方法学之意涵。

我自己对宋文化的研究亦即采此进路，而加以变通发展。不但想为宋文化在中国史上的地位重做厘定，也想把这种研究当成一种方法来运用。我另有《唐宋文化变迁》一文，载《年报：一九九九龚鹏程学思报告》，集中讨论此种唐宋文化变革之研究，说明其理据及其可能的进展，请参看。

论世变：晚清到五四

一、向西方寻找真理?

晚清以来的思想，被认为是中国知识分子受西方之刺激后，逐渐由排斥、融合（洋务运动及“中体西用”等说）到接受的过程。这个过程，也是对中国传统的逐步背离，以渐趋于欧化或称现代化。

合于此一趋向者，谓为进步，否则就是保守或后退了。例如早先毛泽东说:“鸦片战争失败那时起，先进的中国人，经过千辛万苦，向西方国家寻找真理。洪秀全、康有为、严复和孙中山，代表了在中国共产党出世以前，向西方寻找真理的一派人物。”后来李泽厚也说：“正如自鸦片战争以来，中国近代历史无不客观上带有民主革命的性质一样，近代中国的进步思想，更无不是在‘向西方学习’这样一个前提和环境下发展起来的。”

据此，李泽厚便把早期的章太炎理解为，“是自然科学和民权思想的热烈的学习者”，“援引古典来倡导宣传资本主义的政治、经济、思想、文化……”，与严复、孙中山、康有为、谭嗣同等相类似。而晚期的太炎，则因“走上了自己独特的道路，即反资本主义的道路，反对‘委心向西’”，所以成为保守落后的代表。

“资本主义”的标签，可以换贴成“唯物思想”或其他，但这个基本逻辑是不变的。早期章太炎、康有为的作为，被解释为如马克思所说：借用古代亡灵和语言来进行革命，是一种托古改制。但就像一个人刚学会外国话，总要在心中先把外国话翻译成中文一样。等到后来，大家的外国话都日渐熟稔且能运用自如了，便不再需要套穿古装、运用传统。章、康之流，遂为已陈之刍狗矣。

这样理解晚清之传统与反传统，然乎？否乎？

二、文体日渐浅白化？

以语言来说，从晚清到五四，常被看作古典语言体系逐渐瓦解的过程：传统的文言文系统，随着支撑它的科举制度之崩溃，以及革命形势的需要（宣传、启迪民智等等），逐步白话化，而趋近于西欧的语、文合一状态。

依这个看法，我们可以看到梁启超所提议的“小说界革命”，他与谭嗣同等人推动的“诗界革命”，裘廷梁、汪赞卿等人办的无锡白话学会、发行的《中国官音白话报》等白话报刊等现象，而发现晚清的文学语言，皆有逐渐倡导普遍化与平民化的趋势，以致日益脱离传统文学体系，跨入新文学的领域。

然而，这看来毫无可疑的论调，可说全是诠释路向制造出来的，犹如带着某种有色眼镜在看东西，东西当然要变些颜色。

因为，当我们说晚清之文体日益浅俗，出现了“新民丛报体”、各式白话报刊，甚至章太炎、刘师培等人也曾提倡过利用白话以便启蒙与革命等等事项时，我们都忽略了：在晚清，也同时存在着文体艰深化的趋势。

例如革命派的章太炎，其文章之古奥艰涩，是众所周知的。与他并肩作战过的刘师培，文章又何尝浅俗？而这一派，在文宣工作上，显然还胜过文体浅易的梁启超新民丛风格。这一现象，是迷信为了宣传及普及思想，即必须采用通俗浅显语言的人所宜深思的。

整个晚清，在大趋势上说，恐怕正是这一艰深文风兴盛的时代。例如诗歌，乾嘉时期的诗风，袁枚、赵翼、蒋心余等都比较浅易。同治以后，则不论是王闿运所代表的湖湘派，专攻六朝；抑或曾国藩所开启，而经陈三立、陈宝琛、郑孝胥、沈曾植、林旭等人所推阐发扬的宋诗风气，都远较乾嘉深刻。所谓“同光体”，其奥衍艰深，似乎还要超过他们所效法的宋朝诗。

词，王鹏运、朱彊村、郑文焯等人，也发展出一种接近南宋的词风。“一字不苟，觉厉氏于律之疏也；一往而深，觉张氏于意之浅也”，上追碧山、白石、梦窗钟幽凿险，理隐志微，讲究“重、拙、大”。

文章方面也是如此。自魏源、龚定庵以降，文章实在不是“形成一种平实的风格”，而是奇怪与艰涩。魏源序龚自珍集，谓其善于复古：“锢之深渊，缄以铁石，土花锈蚀，千百载后发硎出之，相对犹如坐三代上”，自然很难说它是平实浅易的。龚氏的影响巨大，吴宓即曾提到：当时稍称新党之家，案头皆有《定庵集》。所以这种佶屈聱牙的文风，实是晚清的一大特色。

这受常州派影响下的文风，较为奇丽恢瑰；另一支较为雅正的文风，就是桐城派的发展。晚清桐城派如吴汝纶父子，马其昶、姚永朴兄弟等，势力极大。严复、林纾之介绍新思想、新文学作品，所倚赖的都是这一派文体。风格蕲向，乃在雅洁，而非平易。

即使是正面提倡诗界革命的谭嗣同，他的新体诗，也是堆垛新名词、隐语、宗教经典中语，而具有“索解为难”的效果。因此，整体地看，晚清文风，应当是趋向于艰深的。白话固已滥觞，实仍涓细不足道也。

而在这种趋向之中，更值得注意的是魏晋南北朝文风的复兴。从阮元提出《文书说》、李兆洛编《骈体文钞》以后，以汲源六朝来超越唐宋八大家以迄桐城派长期笼罩的文风，可说是一重要的倾向。王闿运暂且不论，激进者如谭嗣同，亦自谓：“嗣同少颇为桐城所震，刻意规之数年。……诵书偶多，广识当世淹通媾壹之士……或授以魏晋间文，乃大喜，时时籀绎，益笃耆之。”梁启超也说：“启超夙不喜桐城派古文，幼年为文，学晚汉魏晋，颇尚矜炼。”维新派人士如此。主张革命的阵营，亦有服膺阮元之说的刘师培。他曾作《广阮氏文言说》，撰《中古文学史》，讲授“汉魏六朝专家文”，自己也擅长骈文。章太炎虽不相信阮元的说法，但他论文章，却特崇魏晋，主张“持论以魏晋为法”，并谓魏晋之文胜于汉朝。

这些现象告诉了我们什么？

从新旧派人身上，我们都不应忽略这独崇魏晋、上追六朝文风乃至学风的意义。例如旧派的黄侃，对《文选》极为用功，又作《文心雕龙札记》，写骈俪文，撰《汉唐玄学论》，显然浸淫五朝学至深。新派的鲁迅，也是以“魏晋文章”著名，对《嵇康集》及六朝碑拓等，下过很多工夫。甚至整个五四文学革命，刘大杰都曾表示它与魏晋文学具有相同的精神。因此，艰深雅练的文风与主张白话浅俗，在效法魏晋这一点上，却是可以相通的。

那么，文章效法魏晋或其他各种艰深化的举动，到底代表什么意义呢？

三、复古以求新变

文体的艰深化，基本上是一种反对时代的表示，是对现存文风不满之后的变革。为了达成这种变革，思变者往往必须跨越一个文化世代，去寻找他所需要的典范来支持他的新变。

在中国史上，汉末至唐朝初期，可算是一个世代。唐朝中叶之后，直到清末，可算另一个文化世代。唐宋元明清各朝，在改革其时代文风时，往往都会上溯其前一世代。例如唐朝中叶的古文运动，是要跨越六朝，上追秦汉；明初馆阁体“文章尚宋庐陵氏”，复古派遂上溯至“为文法秦汉，其为诗法汉魏李杜”；导致后来公安派出来，“辩欧韩之极冤”。但复社继起，又认为“宋文最不足法”而欲上溯秦汉。桐城以后，唐宋文的势力逐渐巩固。到了清末，思变者乃又跨越唐宋，上追汉魏六朝以变革之。文学当然也就比较古奥了。

这个文学艺术变迁的模式，书法上也相同。在帖学（由宋朝开启）长期笼罩下，阮元开始提出北魏碑刻来寻求改革，到康有为而发展成一个严密庞大的理论体系。主张“卑唐”，力贬唐以下书风，而上溯南北朝。摆脱妍美姿媚的风格，趋向艰深化，表现出一种“艰难的美”。

至于诗，王闿运的效法六朝，同样具有这种意义。章太炎的诗也崇法魏晋的。所谓“同光体”诗家，固然不法六朝，但一般均相信他们不是单纯的宋诗，而是糅合消化了六朝的宋诗，例如陈散原早年的诗，深受选体影响；郑孝胥则浸淫大谢极深；沈曾植对同光体也有个“三关”的解释，说诗人必须经元祐、元和，而上追到元嘉，故其古奥艰深远超过乾嘉时期。

他们不能追得太远，因为太远了又与自己那个时代隔阂太甚。适当地从上一个文化世代中撷取某些价值，才可以安心地对身处的时代与传统做一番改革。

这即是魏源序龚定庵集时，特别强调“复古”的意义。复古的目的，正是为了要创新、要改革。而复古的方式，则必须通过对古的重新理解、重新掌握，方能选撷出某些价值，以便依循。浓厚的历史意识，遂在这种情况下形成。

因此，复古不但在意义上代表一种革新与变迁。对“传统”而言，所谓的传统或历史，也在内容上出现了新的变化，有了新的内容。可说是替传统画了新的地图。也正因为传统有了这些新内容，它才能作为批判它身处那个时代的力量，进而颠覆那仍在它的时代中起作用的传统。

这就是传统的复杂性，及其内部辩证发展的逻辑。传统与反传统完全是纠合为一的，传统的深化与强化，同时即是内在批判与重构的过程。

在这过程之中，改革者超越了自身所处时代及在那个时代中主要的文化势力，溯寻古代文化因素。这些因素，在他们身处的那个时代，亦非毫无遗存，只不过跟当时主要的势力相比，它们显得微弱或非主流而已。例如古文运动以后，骈文就死亡了吗？当然不！在宋朝，它仍以实用官文书公牍等形式存在着，为宋代之“时文”。明末张溥等人，在反对唐宋八大家所代表的文风时，清末从李兆洛、阮元，到章太炎、刘师培，在反对桐城派时，更都曾把这非主流因素找出来，特予标举，俾便促进改革。

换句话说，溯求前一文化世代的行动，同时也可以理解为：在传统的主流之外，寻找旁支、非主流因素，来批判主流，而达成文化变迁。

晚清维新派或革命派均常采用这种方式。如谭嗣同把两千年来的文化，全部批判为荀学、为秦政。表现了浓厚的尊儒色彩，要把一切非儒的因素全部扫除，以恢复三代真儒的精神。即是溯求往古的模式。但在这同时，他的《仁学》又并非纯宗周孔，而是孔墨并举的，据《仁学》自序云：墨有两派，一曰任侠，吾所谓仁也。一曰格致，吾所谓学也。墨家精神在他学说中的地位可想而知。所以这是在事实上吸收了非主流因素来批判两千年的传统主流。

章太炎之“尊荀”，与谭嗣同迥异，但其对应时代问题的改革模式，实际上相同。自宋明以来儒家已为中国文化的主流，儒家之中，又以孔孟为主流。章太炎却“历览前史，独于荀乡韩非谓不可易”“归宿则在孙卿韩非”，在儒家中抬高荀子，批评孟子的性善论、子思与孟子的五行说；并通过荀子连接到法家的传统，写《儒法》《商鞅》等文；在哲学上，则标举老庄与佛家，用以压抑当时仍居主流地位的儒家，出现《儒道》《订孔》及《诸子学略说》等激烈非儒反孔的文章。这跟康有为在儒家传统内部，寻找那久已“不绝者如缕”的“公羊学”，批判中国两千年来皆属“新学”、伪经与莽政，有什么两样？

四、复杂的传统与反传统关系

（一）复古与中西体用论

于此做法中，援引西学，亦无不可。因为他们可以将西学视为传统的一部分，亦即传统的非主流因素。说西学中某部分即周孔之道或与周孔之道相同，只不过两千年来居文化之主流的，都恰好不是周孔之道。所以必须提倡这些西学，以追复古道。

章太炎与康有为、谭嗣同等人，均常采此一模式。谭嗣同说，“势不得不酌取西法，以补吾中国古法之亡。正使西法不类于古。犹自远胜积乱二千余年暴秦之弊法，且几于无法。又况西法之博大精深，周密微至，按之《周礼》，往往而合，盖不徒工艺一端足补《考工》而已。斯非圣人之道，中国亡之，独赖西人以存者耶”，即是此意。

这类做法，无论谈西学谈得多还是少，整个理论的根本处，仍在传统。西学不是被彻底吸收消化在传统之中了，就是只具有辅助性或装饰性的功能。章、康、谭都如此。故康终究只是提倡孔教，章也终究只是“国学大师”。

正因为如此，所以他们的思想中，没有“体/用”的纠缠。“体/用”问题，是从洋务运动中带出来的。

在洋务运动的改革中，因偏重西洋器械知识，所以认为政教是道、机械是器。欲输入西洋机械，以谋中国之富强，并借以维持中国之政教，即是“求形而下之器，守形而上之道”。这种主张，后来彻底失败了。于是学者又提出新的论据，谓道器并不对立，而是互为表里的，透过器即可表现道，只不过道与器有体用本末之异而已。陈炽《庸书》、郑观应《盛世危言》、汤震《危言》都提出了这类主张，张之洞的“中体西用”说，则具体总结了这一派应变模式的看法。

然而，我们不要忘了张之洞提出这一说法，实乃用以对抗变法论。康、谭以及后来更激烈化、走向革命的章太炎都不采取这一模式。他们的应变策略，反而是比较传统的，与中国历代之文化变迁经验较为契合，而省去了“中 / 西”“体 / 用”“道 / 器”等纠葛。从更深入传统的方式，去解构传统；又从对传统的批判，来强化传统，以使传统在面临新时代的变局时，能更具活力地成为现存处境的指导。

（二）复古与修古论

这一模式，也与严复、林纾等人不同。

在章太炎等人溯求往古或撷取非主流文化因素来进行变革之际，那遭到正面冲击的传统势力，亦必须对它本身做一些调整，并对自身存在的理由，做一辩护。林纾和严复，即代表了这一类型。

严复精娴西学，林纾不谙洋文，而两人都从事了翻译事业。但是，我们不应只注意到翻译，得更深一层看，看他们是如何做翻译。因他们的译著，虽然一偏于政法、一偏于小说，却都运用桐城派古文。

换言之，在桐城派受到魏晋文风复兴的挑战时，桐城派也相对地在变。以桐城派古文译述西方著作，事实上即是丰富其本身传统的一种方式。这与桐城另一批人（马其昶、姚永朴、姚永概、吴闿生等）对韩柳古文的加强研治，以重新巩固其传统，意义是一样的。所以，严复固然以译介西学为世所推重，他本人的文化理想却是要“修古而更新”。在译《法意》第十七章按语中说：宗教、哲学、文章、术艺，皆于人心有至灵之效……是故亚洲今日诸种，如印度，尚不至遂为异种所克灭者，亦以数千年教化有影响果效之可言。特修古而更新之，须时日耳。

这是企图对传统修补整葺，以展现新的活力，来应付变局。我们只看到他的修补整葺，只看到他译介西学，便以为他是激进的；因此又不免怀疑他之终究归于传统，是后退与保守。殊不知修古而更新，本来就是为了要巩固传统，所以光绪廿七年（1901）严复有信寄给张元济说："不知教中国少年以西学，其门径与西人从事西学者霄壤迥殊。故近日所成之材，其病有二：为西人培其羽翼，一也；否则学非所用，知者屠龙之技，而当务之急则反茫然……中国之旧，岂可一概抹杀？而西人则漫不经意，执果断因。官则无一非贪，政则无往非弊，而所以贪、所以敝之故，又非异类所知也。"

教中国人以西学时，严复真正的用意并不是要传授西学，以变中国；而是要丰富中国的传统以适变。故其门径与目的均与西人从事西学不同，且西学与中国抵牾时，他大体也是主张保有中国之旧的。他的应变模式如此，则晚年的表现较偏向于守旧，甚至从事恢复帝制的活动，亦是十分自然的。对五四新文化运动，他与林纾，也都表示了相同的反对态度，重申唐宋古文家系统对文学的信念，以资对抗。

（三）复古与传统的深化

但这种修古而更新的模式，在章太炎看来，并不好。因为他们所持之古，依太炎这一类型的人看，其实还不够古；而且既修古以更新，则此不够古之古亦已不能坚守。所以此一应变模式的积极性比较弱，也不像太炎那样充满批判精神。

然而，其结果可能并没有太大的差异。

因批判者援引往古，或选撷传统中的非主流因素，来反抗当时居于主流地位的传统势力时，固然对传统造成了某些冲击，瓦解了某些价值。但这同时也是把传统从某个固定的框套中释放了出来，传统内部的丰富性与复杂度，一齐展现到国人眼前。传统遂在被摧毁的同时，活力也大为增强。晚清以降，西潮拍击之势虽然强劲剧烈，研究者观听之所在，不免较集中于中西关系；且模糊中总感觉是一个现代化或西化的过程，传统一直在崩溃中。其实公羊学今文家的复兴，从魏源、康有为、廖平、王闿运、皮锡瑞、叶德辉等，到民国的崔适、吕思勉等，一直活力旺盛。古文家，则章黄门人及其他，也有不少表现。熊十力、梁漱溟等所开启的新儒家学风，同样可以视为近代陆王学的复兴。这些复兴，不论章太炎、黄侃，还是康有为、廖平，抑或熊十力，都不是规行矩步的人物，都不是守成的性格，反而都充满了纵恣喷薄、控搏激昂的气息，为世人目为狂者、怪人、疯子。这岂不是传统活力大增的一种表现吗？

再从传统在这些人身上的作用看。他们援引往古及标举传统中非主流因素时，对传统的破坏当然不小，反传统的姿态甚高。但是，如前文所述，经这一反以后，传统事实上已出现了新的内容。因为批判者用以批判传统的资源，仍然在于传统。批判者借着对传统的重新理解与重新诠释，来达成批判改革之功的同时，他与传统的关系也越来越紧密。到最后，他的理想以及理解，全部要以传统来说明，并化为传统本身的属性。

例如章太炎早年是揭举法家道家，来订孔贬儒的。中年经历忧患，又加上了佛家，认为佛家之哲学最为玄妙。但他钻研愈久，愈深入传统，他所理解的庄子也就愈深刻，觉得“乃与瑜伽华严相会”。这时候他仍认为孔子之玄妙是不及老庄的。可是他更深入理解《易经》时，才恍然“知其（孔子）阶位卓绝，诚非功济生民而已”。

这就意味：历史与传统不是凝固既存的，它仰赖读者的参与、诠释；它也不是自明的，需要读者思索以通、诵数以明。读者不断钻研，见识越来越明通深刻，传统也随之深刻化。因为它被高明深刻的读者看出了深刻的意义。在此情况下，读者思索理解出来的道理，也同时就是传统或经典“本身”的意涵。所以到最后，《齐物论释》既是对庄子的解释，也是章太炎自己思想的说明。那“阶位卓绝”的孔子，亦非他人所理解之孔子，而即是章太炎自己理想与理解的最终典范。以致他在表述自己的意见时，也就是在解说传统。反过来说，他也必须不断讲述传统，才能表达他自己。此所以他最后去办了国学院。

透过这种诠释学的剖析，我们才能了解康有为之崇慕孔子，与太炎之归宿孔子，实代表着同样的意义。这些人早年的批判意识，即是导致他们最后与传统贴合的线索。从反传统到拥抱传统，成为传统的代言人，乃是内在逻辑的合理发展。

五、从复古到西化

章太炎这种应变模式及其由反传统到传统的历程，其实也就是五四新文化运动的模式与历程。一般我们只注意到章氏与其门人如黄侃等跟新文化运动者的龃龉，而未认真看待胡适对章太炎的感谢。对这一点便常有忽略。

胡适在《中国哲学史大纲》自序中说："对于近人，我最感谢章太炎先生。"这不仅是因这本书的局部论案深受章氏影响，而更是学术方向上的。在《胡适留学日记》之中，他已经屡屡言及章太炎了。章太炎推崇法家道家以及儒家中的荀子，抬高非主流因素以抗贬主流而启新变的作风，对他深具启发。

而整个五四新文学运动，也即是一场以"语"代"文"的活动。因为在中国文化里，本来一直有主文的传统，"语"仅用以辅助文。胡适则凸显了语，以白话来涵摄一切文学，名之为活文学。批判"桐城谬种""选学妖孽"。依《白话文学史》来看，一方面他跨越了唐宋与六朝，更往上追到"两千五百年前的白话文学——国风"与"春秋战国时代的文学是白话的"；一方面在六朝以下，找出原先非主流的民间文学、口传文学，予以标举。用来打倒几千年来主文的、文人的"文言文"。

这难道不是跨越身处时代，溯求往古，以及寻找传统中非主流因素以批判他所身处之传统吗？在儒学上，他批判程朱，提倡戴震与考证式的朴学，亦属此一模式，且门径路数皆大似章太炎。不过，追白话于《诗经》毕竟太远了，继起者便提出晚明小品来。周作人《中国新文学的源流》明白指出：胡适之先生的主张……便是公安派的思想和主张。这自然是对胡适说法的一种补充或修正。但此说之基本模式仍是不变的。

据此，我们也可以理解到：为什么胡适在掀起反传统的滔天巨浪之后，竟逐渐埋首故纸堆中去“整理国故”了。这岂不与章太炎相同吗？“国故”一词，亦采自章太炎哩！从反传统到传统的逻辑，再一次地出现了。

但是，新文化运动以后，并不是所有的人都如此“回到”传统之中，更多的人是日益其新、日益其反，此又何以故？

此亦不难理解：

（1）跨越自身时代，溯求往古，得要真积力久的工夫。不仅批判者要对整个时代传统有彻底的了解，熟知其利弊得失，更要对那已“举世不为”的上代文化有特殊的理解与掌握。此非识力超越时代，学问又真能深入文化传统内部者不办。但是这种具大气魄、大学养的人出来登高一呼，造成现存传统的崩解之后，他自己固然仍能因其本身对传统已有极深的修养，而不断深入传统；一般人却在传统崩解之际，愈来愈不容易获得有关传统的滋润与教养。对于原先所批判之传统和经过批判后重建的传统，也无法分辨；对复归传统者，又缺乏理解与尊重，以致一反不复。而被批判者，亦恒因此辈之“浅薄”而愈趋愤懑，转而益形巩固其传统壁垒，更加地保守顽固。二者相激，文化变迁中的灾难，往往因此而起。

（2）揭举传统中的非主流因素，用以打击主流，甚是犀利。但主流之所以能在历史中成为主流，亦非侥幸；非主流之所以长期未能居主流，其间亦未必没有“历史的理性”在。然而，在激昂的批判意识下，强将非主流者抬高。对非主流之价值自不免有夸大矜张之弊，对主流与非主流者之间的历史关系，理解也未必得中，且易偏向于从对抗关系去了解。如章太炎论孔老，胡适论文言与白话，周作人论公安派与复古派等，均是如此。

故在严格的学术检验下，这些说法都很难站得住脚；但在革命大势的趋导下，却往往风起云涌，耸动一时。于是持论之已偏者，逐渐偏而又偏，有时甚至淹没了原先主张中理性的部分，使得早期的领导者也无法认同。其次，则是非主流本身常不能提供足够的、丰富的资源，来支撑整个运动的发展，或开展出一个新的传统。以致援汲非主流者逐渐流遁无所归。

（3）在中国历史中，溯求往古及援采非主流因素来达成文化变革，是最常见的模式。但那都是在中国文化内部这一个封闭自足的体系中运作，西学东渐以后，形势顿尔改观。此时非主流因素既然无法提供继续开展的资源，则势不能不加深西学的成分，因为西学所展示的是另一个丰富而完整的系统，足供采撷。所以，原先是为了改革现有的传统，以强化民族文化生命，才去吸收西学，最后却被异化了。变成为了吸收西学，即必须放弃民族文化。

例如胡适提出的白话文运动，是要以《水浒》《西游》《红楼》的白话为主，再参酌今日的白话加以割舍、补充。这仍是援溯往古，并辅以现存之非正统因素而已。但钱玄同、黎锦熙皆谓其所采摭之时代太古，且亦不敷使用，无法处理新事理新事物。这即是对白话作为未来之资源时内在不足的疑虑。傅斯年则发表了《怎样做白话文》，提出写白话散文的凭借，一是留心说话，二是直用西洋词法。这个说法，前者仍属于吸收非主流因素的模式，后者却开始异化了。然胡适当时并未察觉，仍以为这是“国语的文学，文学的国语”最重要的修正案。

其实这个修正案，乃是要将白话文成就为“与西洋文同流的白话文”。故主强“直用西洋文的款式、文法、词法、句法、章法、词技，和一切修辞上的方法”，以使白话文彻底欧化。要写作者“心里不要忘记欧化文学的主义，务必使我们做出来的文章，和西文近似，有西文的趣味”。据此，他并断言：“中国语的欧化，是免不了的；十年后，定有欧化的国语文学。”

然而，既已欧化，何言“国语”？国语的文学，竟发展到“何不爽快把中国字完全去了”（朱有昀之说）；然后再到“仅废中国文字乎？抑并废中国言语乎”（陈独秀说）的考虑；最后则强烈主张废汉语，改用世界语。这便既无所谓国语的文学，也根本无国语了。

这种例子不仅存在语文及文学的讨论上，也存在于思想内涵的研究里。导致全盘西化论的提出，以及整个知识界思维方式、思维内容的逐步西化。

早期的改革者，无论康有为、谭嗣同、章太炎还是胡适，思想的底子，都仍是中国的传统，且以传统反传统；后来则逐渐出现了“传统外”的知识分子，以传统之外的东西来反传统。而他们所持之“传统外”，却也不是别的，正是西方人以其传统反传统的那一套哩！

（4）出现这种异化，不是必然的。因为在魏晋南北朝，佛教被讲老庄之学者所吸收时，并未如此异化，何以五四以后便异化了？又，同样是复古求变的模式，为什么章太炎、胡适这一路便异化了，而康有为却始终不异化？这里隐藏着一个内在的原因，那就是：他们的历史观念，是个古今断裂的历史观。

章太炎与胡适一样，都把历史看成自己及现代之外，以独立客观存在于过去的一段史迹；相信治史者可以靠考证的方法，揭露历史的真相。这种新史学，是从乾嘉考证学派化出来的，又与西方历史主义、实证主义史学结合了。再加上 19 世纪以来，西方对“传统 / 现代”的社会的两极思考，于是“历史”与“现在”断裂成两截，只是“国故”“国粹”“遗产”，聊可为考古与整理、保存而已，不再能激发民族文化之发展了。太炎说：“说经所以存古，非以是适今也”，“仆辈生于今日，独欲任持国学，比于守府而已”。胡适整理国故、整理文化遗产的口号，也是如此。

然说经既非用以适今，则适今者又何必读经？此一说法，加强了传统的崩溃，也断绝了人们对传统的向往。所以《国粹学报》才会说，“国粹无阻于欧化”，“夫欧化者，固吾人所祷祀以求者也”。言国粹，正所以促进西化。

（5）更进一步加深了异化状况的，是五四运动所进行的变革内容。这个变革从根本上动摇了传统“文字—文学—文化”的具体结构。

在胡适提出白话文主张之前，白话文学的“势”已经出现了。例如维新派及革命党人，利用较为浅俗的文字，来宣传改革的社会政治理想；较开明的知识分子，体察到中国之积弱，在于民智未开，故创办各种白话报刊，以启迪民智，进行社会教育。这些现象，近人谈论已多，但此处宜补充两点：

第一点，晚清白话文学之发展，不应只以中国遭受西方冲击后的反应面来观察，而应视为中国传统内部非主流因素势力逐渐扩大中的一个部分。因为在晚清，中国传统中较不重视或被贬抑的东西，都被提举出来，势力大为增强。民间小说、戏剧、评话之发展亦然，且有大量文人投入其中，参与研究及创作，如王国维、吴梅、俞樾、刘鹗等。其目的皆不在启迪民智也。

第二点，以白话宣扬政见、启发民智，在晚清只是个辅助系统，声势并不如今人想象中大。以革命党跟保皇党的斗争来说，革命派之章太炎、刘师培，皆文笔古奥，章氏尤甚。但在宣传上却如鲁迅所说，是“当之披靡，令人神往”。为什么？因为大部分的知识分子觉得章氏的文章较有“根柢”，梁启超新民丛报体，就不免有些浅薄了。所以革命派文宣之胜利，主要是他们的表达方式较符合一般知识分子的文学认知，也吻合他们的格调（当时很多人写信都用篆字，玩古董、赏古碑、论古学，也是一般知识人普遍的生活方式，且大流行于晚清）。白话固然也有人提倡，但根本上仍是重“文”而轻“话”。

以章太炎为例。他的《文始》，推语言之始，而全以文为说，可见在他的观念里，语言学乃是建立在文字学上的。——这跟现代或西方语言学有一基本之差异，所以直到现在，章氏后学之小学工夫，仍以《说文》《广韵》之归纳分析为主。形成“以字为中心的声韵学”。由这个文字训诂之学进而到文学领域，他也认为：“有文字著于竹帛，故谓之文；论其法式，谓之文学。”（《国故论衡·文学总略》）称“文”而不采后来习用的“文学”二字，即是把文学推回到古义，指一切文字书写品，而不仅以“流连哀思、吐属藻丽”者为文。他这一看法，有赞成也有反对，但怎么定义文学并不重要，重要的是此说显示了一种当时知识分子普遍的态度：相信文而轻忽语。

五四运动就不同了，白话文学的主张；高举语而推倒文，谓文言是死文字死文学，提高民间口传文学的地位，以语之用胜于文。林纾诋其以“引车卖浆者流”的语言来取代《史记》《汉书》之文章，可以充分说明问题的关键所在。

这里要谈的是：这场以语代文的运动，其是非与影响如何。

文言与白话的划分，根本是虚构的。张汉良曾称文言与白话的对立，是“语言的二元论神话”。因为：语体文和文言文并非对立的语言系统，两者本无先验的、独立的语言质素，足以作为彼此区分的标准。就语音、语构和语意三层次而言，两者没有本质上的差异。如果有区别，也仅在语用层次。亦即语言使用者对以上三种层次的惯例的认知、认定和认同问题，其次，所谓语体的白话文，和文言文一样，已经不再是口语，而是被书写过的文字。

也就是说：“白话文”一词是自相矛盾的，白话文就是文言。即使我们称它为“语体文”，语体依然是文体。即使在语汇及语态上刻意模拟说话，其文辞规律仍是文的而非语的；是视觉的艺术，而非听觉的美感。故文言与白话无从对立，五四以来一切文言与白话的战争，都是在这一虚构中抓瞎起哄。

所以在这里我们就必须注意到胡适所提的“白话文”与“文言文”二词中的“文”字。顺着晚清如章太炎的“文”“语”区分，胡适做了两个推展，一是承认文与语的区分，但这两者都存在于文中，文中即有语与文之分。二是逆转了文与语的价值判断，说文中之语体者，其用胜于文中之文言者。

为了证成这个纡曲缭绕的理论，他先在古代文学作品中分出什么是白话文、什么是文言文；再赋予价值判断，说前者活，后者死。然而此一区分实在带有若干任意的游戏性质，例如把《诗经》、春秋战国诸子、《史记》、《汉书》、杜诗等，都归为白话文，来跟桐城派古文家争地位；判断一文是否为白话文学的标准，又随时移易、互不相同。这样的做法，实在问题重重。

不过，这一语与文的分判，也确实触及了一些文学史上重要的论题，例如语如何进入文、文如何消融吸收语，口传的或带有表演性质的艺术（如说话、评弹、戏、曲）如何与文相离相合、文人传统与民间传统的关系等等，都在这研究观点下带生出来了。

然而，不幸的是：其中一方面含有太强烈的价值判断，推倒一面而肯定另一面，在事理未详、义理未安之际，即发展成一种独断专横的意识形态，流弊自然甚大。另一方面，语与文的区分，乃是指文中之语与文中之文，但此“语”与口语活动之语，却时相混淆。

寖至“文”“言”两歧，歧路羊亡，文既不文，语亦横受干扰。

这也就是说，五四新文学运动，表面上推倒了文的传统，白话取得了全面优势，但实际上这个话乃是文中之话，故所建立的不是一个语的传统，而仍是文，是对文另一种形态的强化与巩固。

以小说为例，五四以后的小说论者，所欣赏的都是文人小说家（scholar-novelist）而非民间说话传统，所偏爱的小说也仍以文采可观者为主。至于小说之写作，亦复如此。现代小说不是比古典小说更大众化，而是更文人化；作家主体意识的强化，小说形式感的加强，及小说人物的心理化倾向，全都指向文人文学传统而非民间传统；小说书面化的倾向，转变了古典小说的叙事模式。

这种结果，乍看之下似乎是与五四提倡民间文学传统、打倒山林贵族文学之口号矛盾。但仔细想想，何止小说？白话新诗比古典诗更难懂，话剧也从来就不像话。可是，虽然不像话、虽然是文的深化与强化，它却又自称为“白话文”；然后再简称为“白话”，来跟“文言”对立对抗。

这就混淆了文中之语与语的界限，以致治丝益棼。对抗的结果，使人普遍对文言产生抗拒，文言变成保守、落后的象征。人不再读古典文学或不能读文言作品了，不再读古书或不能读古书了，不必书写或不能书写了，文字使用能力及对文字的理解能力，也都日益低落。

这真是从古未有的情况。文化界固然还在形式主义地争辩能不能全盘西化、可不可以全面反传统；固然还有许多人以保存文化为己任。然而社会上普遍对固有文化却是隔阂的，因为文字就是天堑，难以跨越。在虚构的文言与白话二分中，每个人都以为文言是另一套极艰涩、已死亡的语言，而古代典籍就是以这一套语言来书写的，所以望之却步。有识之士，见此情况，忧心忡忡，于是努力地替古籍作白话译述，想让现代人也能读得懂古书。

可是文言能译成白话吗？文言文与白话文根本就不是两套语言系统，所谓文言翻成白话，只是语句的自我解释与复述。如"床前明月光，疑是地上霜"，译成"看见床前明亮的月光，我以为是地面上的霜"之类。这不是翻译，最多只是训诂的关系。翻译，是在两种语言系统之间寻求对等关系，所谓文言译白，却顶多只有"以今言释古语"的训诂功能；或把原有的文句啰唆夹缠地再讲一次而已。

文言译白之不恰当，不止于此。训诂的含义是开放的，每个时代也都在做训诂的工作。可是文言译白的"译"，却把意义限定了、窄化了。不但文字浅俗，意涵也浅俗化、狭窄化。且翻译者替代了经典在说话。

还有，从理论上说，现代人可以通过所谓白话翻译去理解古典，或进而阅读古书。可是一旦有了白话译本，读者就更不读古书了，因为白话译本既养成了读者的依赖心理，又教育了他：古书古文是非常艰难的。他读白话译本愈久，愈学不到东西，就愈觉得古书也没什么了不起，而且也愈来愈没有能力自己去看古书了。如此辗转循环下去，国人对传统之了解自然就从根本上出现危机。何况，古籍之有白话翻译者少，未译为白话者多，知识分子遂亦乐于借口无译本、看不懂而心安理得地不再读古籍了。

当高级知识分子都不能读古籍或不愿读古籍，都不擅长使用中国文字时，中国焉得不加速西化？五四以后新一代的知识分子，固然在理论层次上仍徘徊于“中/西”“新/旧”之间，可是在实际思维方式、语文使用、观念架构上，均已无法再像五四前的知识分子那样深入传统，或借传统以批判传统，反倒是外文的使用日益纯熟。他们要拥抱传统时，自然便去拥抱了西方文化的传统。而西方自启蒙运动以来，对其传统之批判，也就成为新型知识分子批判意识的主要资粮。

六、文化变迁模式之再思

总括来说，近代中国的西化，有一曲折的历程。先是在坚船利炮的冲击下，欲以体用道器之说，整合中西，消纳西学。失败后，一方面寻求修古以更新之道，一方面则通过溯求往古及采汲传统中的非主流因素等办法，批判传统，以致新变。偶或援引西学，聊为参照。这两种模式，彼此竞争，成为同治中兴以后，主要的思想文化变迁脉络。

林纾、严复代表前者，康有为、谭嗣同、章太炎、胡适等，代表后者，五四新文学及新文化运动，即是在这个脉络中形成的。但形成之后，逐步异化，渐至全盘西化了。

所以近代根本不是反传统以西化的简单模式可以涵盖的。整个晚清，久成绝学的今文经学，久遭淡忘的先秦诸子学，久已沉寂的佛学（特别是已属绝学的唯识学），久遭排抑的陆王心学，久受贬斥的魏晋玄学、骈体文，久已束诸高阁的宋诗，全都复兴了。到民国，则民间文学、戏曲小说也出沉霾而见天日。这个大趋势中，固然内部歧见纷如，争斗不断，但有一个贯通大势的理在。这个理，岂可以“学习西方”解释之？骈文复兴、书法学北魏、大讲唯识学、谈陆王心学……是学习西方什么呢？反传统健将与国学大师，又有何矛盾、落后与进步之有？过去的解释模型，岂不应好好修正吗？传统与反传统的关系，岂不该重新思考吗？

当代史家对近代中国思想变迁最普遍的解释，从蒋廷黻、费正清以降，都认为主要潮流是西力冲击。因为西力冲击，所以中国人开始质疑、抛弃传统，并经历一个社会解体、变革和抗拒的过程，逐步“现代化”。而又由于现代化第一阶段，无法处理日益严重的动员问题，所以出现了现代化第二阶段的模式，形成革命民族主义政权和共产主义政权。

列文森（Joseph Levenson）则指出：在西力冲击下，中国知识分子也常有由挫折感与屈辱感所产生的自卑心理，故常美化传统，以重新建立“文化认同”。

这么一来，近代中国知识分子就分成了两类：前一类走向世界，向西方（不管欧美还是苏俄）寻找真理，是进步的知识分子；后一类是传统的、保守的、有心理自卑情结作祟的知识分子。

儒学可以给人不是盲目自信的那种自信

20世纪90年代以来，许多人喜欢说儒学具有普世价值。

这些讲法，有两个不同的角度或脉络。一是西方人开始承认儒学不仅是东方的智慧，对西方人也有其意义，具有普世性，与基督宗教的伦理有相似和相合之处。二是因现代化及资本主义之发展已越来越显露了它的危机，使得社会风气败坏，人人贪婪嗜利，物欲横流，人心越来越迷惘且不快乐。因此令人想到儒学的价值。觉得儒家原先讲的仁爱、忠恕、诚信、克己复礼，对现今社会任何人都还具有意义，故有普遍的价值。儒家所主张的“天人合一”，生态观，更可对治西方之弊，应予发扬。

此类论述与80年代东亚资本主义相比，显然更能肯定儒学的价值，符合“全球化”时代之气氛。跟晚清、五四那种把西方现代社会视为唯一普世价值，要求国人尽弃所有，向西方学习的态度，可说迥然异趣。

但发展迄今，说儒学有普世价值的大抵仅在伦理精神上说；儒学在政治经济观念和制度上具有什么普世的价值，尚罕申述。

而且，普世云云，本身就是基督宗教之观念。儒家固然也说东海西海，其心同则其理同，但在文化上并不主张普世性。认为文化有夷夏之分，绝不强行以夏变夷，与基督教截然不同。

故如今我主张于此再进一解，说明儒家学问并不是普世性的，具有独特性和相对优越性，有与基督教、佛教不同的人生智慧。

一、人

要讲人生的智慧，先说人。

中国人重人，谓天地人为三才，讲宇宙万物人最贵，强调人与禽兽的不同，说人最灵，具有禽兽没有的良知、礼仪等。这些观念和讲法，在我国因为早已耳熟能详，所以几乎没有人注意到它其实是一套极其特殊的讲法，西方就没有这样的人观。

因为中国人讲的这个“人”是普遍的，如天地人三才、人禽之辨的人，都是指所有人。西方则自来无此普遍的人的观念。人是分类的，希腊城邦中，人专指公民，即成年男子。女人、小孩、奴隶皆非公民，都不是人，只是公民之财产，与其牛羊相若。到了中世纪，人的位格更往下降，全部都成了奴仆，即上帝之奴仆。要到文艺复兴以后，才有“人的发现”，到启蒙运动以后，才“除魅”解除了上帝在人身上所施的魔咒，苏醒过来，可以用自己的理性之眼看清世界，认识自我。人也须至此时，方能由上帝奴仆之身份解放出来，开始做人。

可是人仍奴役着人。由上帝那儿解放出来的欧洲人大规模进行海外殖民，大量使用奴工，以促进其工业化、资本主义化。人人生而平等、天赋人权等概念虽然由洛克到美国独立运动都有人提出并拥戴着，但这个“人”难道包含所有的人吗?

直到美国南北战争之后，林肯解放了黑奴，“人人生而平等”才总算在法律上落实了。但凡熟悉欧美社会文化的人都晓得，种族歧视、性别歧视仍是潜在的真实，讳言而不可免也。

此岂中国人所能体会乎？在中国，观念上从来就是人人平等的。人指一切男人女人小孩等。“人子”在西方专称耶稣；在中国，则陶渊明告子书就说：你要善待仆人呀，“彼亦人子也”。因此中国的仆童丫鬟，与西方的奴隶从来就是两回事。史家、社会学家对此曾有无数考辨，但最基本的分判正在于此。在中国，他们是人；在西方，则此辈都不是人。

在中国，说不是人、不像人的，都不称其性别、身份、种属，而是指其道德。人禽之辨，辨的就是这个。

人由于具有良知，故才不同于禽兽。禽兽指的是自然的生命：饮食男女，本乎生理欲求；强凌弱、众暴寡，由于生存竞争。可是人的社会不是这样的，可以舍生取义，可以救孤赡弱，要辞让老幼，要保护妇孺，鳏、寡、孤、独、废疾者皆有所养，一切都逆反于自然的竞争拼夺状态，所以才叫作“人文”。

这是人特有的品德，其根源是本心、良知、善性。西方则否认人有此良知，除非他是上帝。所以西方的人绝不可能“穷理尽性以知天”，绝不可能具有这种超越性。

如此，事实上便是号称为人而不是人。近世西方把禽兽世界的逻辑“物竞天择，适者生存”拿来作为人的进化原理，更是把人降而与禽兽社会相等了。

事实上，说人是禽兽还是好的呢，在西方更常见的乃是，人还不如禽兽。例如资本主义社会中有钱有闲阶级以猫狗等为宠物。物的地位不仅与人相若，多半还高于人，怜爱呵护，远甚于他对于社会上的一般人。猫食狗食之精、贵，猫狗医药旅馆之富、洁，远胜于城市底层之民氓。电影电视上，杀人屠命乃是司空见惯了的，凶残之细节可以巨细靡遗；但你播出虐杀动物的镜头试试，定教你吃不完兜着走。爱护动物人士，是宁肯生剐活人，也不能让动物受一丁点委屈的。如此如此，人之尊严云乎哉？

印度文化，因根植于种姓社会，所以也同样无此普遍之人观。

中国人常相信佛教是慈悲的，强调众生平等。实则这是佛教进入中土以后的变化，创立于印度的原始佛教绝不如此。佛教虽说对印度教颇有改革，但毕竟诞生于种姓社会中，种姓观念终不能免，因此仍旧主张女人不能成佛、一阐提也不能成佛。

女性不只不能成佛，也不能成菩萨，不能成为转轮王。要成，只能修炼到转世轮回成为男人。这是佛教的基本观念，所以你看南传上座部佛教均是男性僧伽，早期佛教壁画及雕塑中也看不到女性的菩萨，包括后来在中国人人崇拜的观音娘娘，在早期云冈龙门石窟中均是男性。后来女性的观音业已深入人心，所以中国信徒只好用各套说词来解释，说观音是男身女相，是菩萨无男女之别，而或显男相或显女相，甚或根本坚持观音乃妙善公主修成正果，本即女人等等。

殊不知佛教正是重男轻女的，不但女人不能成菩萨成佛，女人也不被准许出家。后来佛陀虽然勉强同意了他姨妈加入僧团，开了女性出家之门，但却制定了远比男性比丘更严苛的戒律，且规定比丘尼的地位须在比丘之下。

纵使如此，比丘尼戒在印度南传佛教地区仍旧传不下来，11世纪之后就仅存在于中土了。1997 年，我们去印度菩提伽耶传戒，才将比丘尼戒回传印度。一时尼泊尔、不丹、斯里兰卡等地的女性修行人蜂拥而至，视为盛事，令人慨然。证明了女性在佛教文化圈中发展之艰难。

至于一阐提不能成佛的问题，则是种姓制度的哲学化反映。

因种姓制度是对人先验地界定。这还不只是一般说的血统问题，而是说人的性质犹如物种般有差异。故在种姓制度下，不同种姓间的高低级差异并不能通过通婚等任何方式改变。

这种情况，佛教由人性论上做说明，谓性为种子。像阿赖耶识就是种子识，含藏一切。依此观点，成佛之先决条件即是须这个人有佛种。若非佛种或无佛种，则种西瓜，无论如何也生不出葡萄。“一阐提”即属于“焦芽败种”之人，多生惑业，无明障蔽，故决不能成佛。

佛教传入中土以后，僧家皆主此说，晋道生法师才开始讲人皆有佛性、皆可成佛。当时斥为异端，说法也没人要听。以致他只好对着石头去说，据说顽石为之点头，留下了一个有趣的故事，而反映的却是欲扭转印度佛学思路的辛酸。

后来此说渐渐获得汉地信众之支持，才普遍推广开来，成了正宗。但却引起了玄奘法师之疑惑，远去印度一探究竟。他历尽千辛万苦，回来后宣讲唯识，正是反对道生以来之说的。

其弟子窥基曾问师父何种理论可以对外讲述，玄奘即说："五种性说，许尔流传。"种性说，便是种姓制度的心性论显示。此为印度大传统所使然，但与我国儒家"人皆可以为尧舜，涂之人皆可为禹"的传统绝异，故虽以玄奘之声望、学识、地位，这种种性说毕竟仍不能在中国流行。

一阐提不能成佛与人皆有佛性，涉及的正是人有无良知的问题。本心良知是人可以超越自然禽兽生命的内在依据，儒家认为人皆有此，印度传统及基督教传统则不承认，故其所谓人并不能是真正的人。诸位不要以为这是骂人的话，用基督宗教的词语来说，上帝譬如牧者，人只是他放牧的羊群罢了。

由于人观不同，所有文化内涵也就都不一样。

例如礼仪，外国当然也有礼仪，但礼的性质与中国相同吗？

西方之礼，重点一在区分社会身份，因此其礼主要是在贵族社会中施行的，用以区别贵族与平民，其内部亦以不同之礼仪来区分其权位阶级、显示身份与权力。市民阶层崛起后，有钱人上升为贵族阶层之同侪，故亦开始模仿贵族之礼。

中国之礼，在古代固然也曾如此，所谓“礼不下庶人”。但自春秋以降，尤其经过儒家整理推广之后，礼早已遍及于整个社会，成为每个人都应具有之素养，是人之所以为人之基本条件。这是与西方之所谓礼迥异的。

其次，西方之礼只是礼仪，在衣饰、妆扮、摆设、行头、仪节上讲究。中国人讲礼，则主要是内在的敬，敬天敬地敬人，故云：“礼乎礼乎，玉帛云乎哉？”

三、西方之礼，范围甚窄，只在特殊场合时日才有礼之施用问题，礼不是施于天地人各方面的，中国则不然。故西方人看中国，18 世纪以来，老说他们是法治，中国是礼治。

他们理解的所谓礼治，当然不甚确洽，只把礼教类同于习俗，或笼统说曰礼俗。但其形容仍足以显示中西之别。因为他们绝不会自认为有礼治，只说自己是法治。礼若只是风俗，他们难道就没风俗吗？可是他们也绝不会说那就是礼。他们用风俗来形容、想象礼，其实就是体会到礼在中国乃是于一切社会生活之中无处不在、无施不入的，故以风俗习惯来形容。

而事实上，在中国，礼便是文化的同义词，整个生活方式及其内涵精神价值都称为礼。人生不能须臾离之，礼就是人文的代称。这种人与礼的联结，也绝对是西方所无的。

二、人生

人有“人生”。

这个词语表明了我们特重“生”，生命本身是可喜的，因此儒学特别强调生生之德，说天地之大德曰生，人则可以创生，因为人可以参赞天地。前面说过人能与天地合称三才，即是就这个意义说的。

在基督教文化中，创生只属于上帝，人与生无关，故其实无人生可言。被逐出伊甸园的生命，具有原罪，须不断忏悔，才能回归上帝的怀抱。

佛教则称他们是“无生”的。因为生即是苦，唯有跳出轮回、解脱人生，才是修行的目标。

两者均是出世的。生或无意义，或只有负面的意义，事实上并无人生可言。

相对来看，儒家讲生，“未知生，焉知死”，便与基督教传统和佛教传统迥异。基督教文化视野下的人生，是罪与忏悔交织而成的，期待于死后。佛教文化视野，则说死后亦不能解脱，因为会落入轮回，还要再生来受苦。若欲求不再受苦，方法乃是不生。不生即不会死，不会堕入因果轮回。如此才能真正超越人生，到达彼岸净土。

佛教传入中国以后，这套迂曲的讲法，中国人并不能真正掌握，故中国佛教徒所以为的佛教，只是一种因果报应式的。说人生即是因果，你生时种什么因，将来或升天，去西方极乐世界，往生净土；或下地狱接受惩罚；或去投胎，各有报应。审判之机，皆在亡时，因此特别重死。人亡时，要请僧人来超度做法事，替亡者消除生前的罪业，减轻其罪责，好让他勿入恶鬼道、畜生道。如此转化，虽说已由向往“无生”转而期盼下一个阶段的人生，但人生是苦的底子，仍未祛除。其重视死，视为人生一大关卡，更是远甚于儒家。

因而，世界几大文明中，只有以儒家为基础的中华文明才能真正正视人生。

但儒家也不忌讳言死，并不就不重视死。只是儒家讲死，重视的是死而生。死而生，谈的是“不朽”的问题。

人都是会死的，儒家视此为自然的规律。此其一。

人生由生到死是一段历程。这段历程，无论长短皆有尽头，所以儒家并不相信长生，也不追求长生。不死成仙，儒者非之。《法言・君子》载：“或曰圣人不师仙，厥术异也。圣人之于天下，耻一物之不知。仙人之于天下，耻一日之不生。曰：生乎生乎，名生而实死也。”道教神仙家与儒家一样崇尚生，讲尊生、贵生、长生。可是儒者认为长生成仙是虚妄的，求而弗得。若人生真以此为追求的目标，那就错了，乃是名生而实死。此其二。

人生就这么一段，不可能再来一遍，故儒者也不像佛教、基督教那般相信有轮回或复活。此其三。

既然人生仅有这一段几十年，生命在长度上又难以延长，那么我们就当在质量上致力，让生命有光彩、让生活有质量、让人生有价值有意义，勿与草木般同朽。前文引《法言》批评神仙家名生而实死，就是这个道理。活着不能立功立德立言以裨益于社会，光顾着食金石、练身体、修气功、养精神，活着又有何意义？最多跟乌龟一样。此其四。

立功立德立言，就是儒家所强调的三不朽。人能如此，则死而不亡，其精神光芒必将超越肉体年寿之局限，永远活在人文世界里。

人生的责任就是追求此种不朽，以显现你“生”的价值。你父母生你，必不会认为他们生下来的只是一棵草、一只小狗，必会期待你也能立功立德立言，为社会创造价值，做出贡献。因此这种追求不朽的态度又不只是个人的，还带有怀亲报本的意义。人人都不要枉来人世一遭，这才是报答父母生养之恩的最好方法。人世之生，其本源意义，亦即在此。

人怀其生，均应怀亲报本，遂因此又成了家族的伦理。人人都应生养后代，不孝有三，无后为大。生了以后还要养要教。养是生理性的，重在自然生命；教则是人文性的，旨在令其明善恶、辨是非，也就是立功立德立言，使其知古来之事与义。养不教，父之过也。

以上两义，是由父母这一方面说的。由儿女这一方面说，则子继父志，慎终追远才叫作孝。如此，个人对不朽的追求，便与整个家族的绵延结合起来了。而且使家族之绵延与扩大不再只是血缘和社会势力方面的事，内在具有立功立德立言的人生意义追求，可以世德流芳。

这些也都是西方和印度所无的。

三、人生自作主宰

有句流行语说：我的人生我做主，颇能显示现今青年的豪情。但反观历史，我的人生谁做主呢？

基督宗教说：上帝做主，是由上帝主宰着我们的人生。信基督教的朋友祷告时必呼：主耶稣！古代的巫文化传统，则泛呼鬼神，认为是鬼神在主宰着我们。在风水数术传统中，人们又相信另一种环境条件主宰说。至于佛教，则主张无神论之机械式因果、业力主宰说，与它们都不一样。

但无论如何，以上这些说法均属于同一形态，是他力型的，决定我们之人生或命运的，是我们以外的力量。

儒家不同，属于自力型，靠自己不靠上帝、鬼神、环境、数理、条件、业力等等。俗语说“祸福无门，唯人自召”，即为此义。此义自《易经》以来就广被服膺，《易经》上说：“积善之家必有余庆，积不善之家必有余殃。”庆或殃、福或祸，均是人自己的积善或积恶造成的，而非鬼神或上帝等等使其如此。

《易经》基本思路如此，所以教人要不断自我努力，“君子终日乾乾，夕惕若厉，无咎”。这种不断自我要求之态度，哲学上称为自律，不是他律型的、外铄型的道德。动力本于自己对自己的要求，而其所以能成就为善人、圣人之原理或依据，则在于人本身就具有善性，又称良知、本心、良能。只要能扩充发挥之，利用这些本心善性，人就都能成为圣人。《易经》也称此等人为大人。

《乾卦·文言传》说："夫大人者，与天地合其德，与日月合其明，与四时合其序，与鬼神合其吉凶。"能成就为大人，就能如此。到此境界，"先天而天弗违，后天而奉天时。天且弗违，而况于人乎，况于鬼神乎？"

请细看这几句话。

大人是合于天的，但并不是听命于天或依靠天。大人更不依从鬼神、仰仗鬼神。大人自成其德，故人从之，鬼神也从之。这个态度，与一切他力型哲学及思潮皆对反。孔子有病时，子路建议他去祷告求神，孔子不肯，说"丘祷之久矣"，就是这个态度。

儒家于鬼神，非谓无之，只是敬而远之，一切都靠自己，不拜鬼求神找庇佑。儒家讲天，也同样只说合，或人合天，或天合人，所以人可先天而天弗违。因而《系辞上传》说："《易》曰：'自天佑之，吉无不利'。子曰：'佑者，助也。天之所助者顺也，人之所助者信也。履信思乎顺，又以尚贤也，是以自天佑之，吉无不利也。'"所谓天佑，实不过因人能信履其德，所以天佑人助，吉无不利。天助只是自助。

后世儒者发挥此义，不但形诸理论，还有一系列具体的修身自省之方法，渐渐出现刘宗周《人谱》这类著作。民间则普遍流传为"功过格"，每天自己记录自己言行的是非功过，替自己打分数，以自警惕。一个人的祸福寿夭，不必找术士算，自己就能计算得出来了。甚且中国人还相信：纵使一个人天生之命理、命格、命数已定，人仍可依自己的行为来造命改运。因为命运其实就掌握在我的手上。

在民间流传最广的明代袁黄（了凡）功过格《了凡四训》就讲了这样一个故事：袁黄年轻时一位先生批过他流年，后来逐事印证了，十分灵验。某日遇一禅师，问他为何整日闲逛，无所事事。他说我对我自己的命早已明白啦，此后婚仕俱已达到命数的极限，所以不须再做什么了。老禅师说：不对，人的命运掌握在自己手上，并教他作功过格的方法。他忖度反正也无聊，姑且一试，以行善为功，以过失为恶，逐日自省。如此一阵子，竟发现原先算命先生批的流年不准了，深觉好奇，越发努力做功过格的工夫，终于完全改造了自己的命运。

袁黄的自述，表达的正是儒家文化传统下的自力型命运观。佛教原本主张业力主宰及依赖佛力往生净土的他力型命运观，传入中土后，受儒家影响，才逐渐转化成自力型。中国佛徒所相信的因果观，即是种瓜得瓜、种豆得豆，种什么因得什么果这种形态的。这其实并非原先佛教所云之因果观，只是儒家说的“积善之家必有余庆，积不善之家必有余殃”。

佛家的因果说极复杂，因或指原因或指因缘，但反对建立一法作为万有之因（如西方立上帝及“第一因”那样，属于自在等因论者），也反对因中有果论（如谷子中已有禾性）、诸法无因论（指世界一切皆自然而起），认为万法均由因缘而生，但其中“自性”本有，唯能生他，非从他生，于诸谛中特为根本。

为何自性能为诸法之生因？窥基法师《成唯识论述记》曾云：“三德合故，能生诸谛。三德者，勇、尘、暗。”暗即无明。由此生大，由大生我执，由我执我慢生五唯、五大、五知根、五作根，心根、自性、神我等，计廿五谛。世亲又将自性改称为种子，又名阿赖耶。阿赖耶有三相：一因相，以其能藏，为诸法之因；二果相，为所藏；三自性，摄持因果为自体。因此阿赖耶识为种子生因。此因与转识又不一样，转识乃依止因，能熏发习气，入阿赖耶识中。

如斯云云，都是中土佛教徒所不熟悉也不关心的。袁黄碰到的那位云谷禅师，即是这样一位受到儒家思想影响的佛徒，所教给袁黄的写作功过格办法，也即是晚明流行于儒者间的作业！

当时儒者习用此法者甚多，但我不举儒者之例，而以袁黄之经历为说，正是要借此辨别佛儒异同，同时借袁黄的故事提醒读者诸君：生命若不能掌握在自己手上，由别人主宰着，多么可悲？生命的可能性若都算计出来了，人生揭晓了谜底，每一步都只能按着预定的命数去走，则又有多么无聊？试一思此，你自然就仍会赞同儒家。

四、人生面对的世界

人生云云，指人活在这个世界上。可是对人生既有歧见，对人所面对的世界，各大文明亦有不同之主张。

印度文明，以佛教为例，乃是认为现实世界是“空”。为何是空，有两方面的解释。一为缘起性空。谓世间万事万物皆因缘所生，缘生则有，缘尽则灭，均无本质，所以空无自性。若一定要说它的本质是什么，那它的自性就是空。《中论》曰“因缘所生法，我说即是空”，即指此。凡此世间法，皆如梦幻泡影，如露亦如电。所谓万法皆空。这较偏于由世间万物这一面说的。空宗所长在此。

另一路解释，则由人的认知这一面说，有宗较为擅扬。其基本思路在于解释：既然万事万物皆是空幻，何以我们却真实感觉到它们存在着？法相唯识学透过各种心识活动之剖析，告诉我们：三界唯心，万法唯识，一切山河大地、种种事相，均是我们自己的意识所变现出来，所以它仍是空幻的。情况与人做梦相似，心外无境，一切法不离识。可是做梦时，做梦的我并不空并不假。但佛教除了境（世界、万法）要空之外，却还要告诉你：自我也是空的。因为自我与世界同样只是色、受、想、行、识等法相在积聚而已，本无实我，亦无实宇宙。色、受、想、行、识，称为五蕴。人须悟知五蕴皆空、人我两亡、境智俱遣，才能获得佛法真谛。

西方无此空论，但同样否定现实，认为现实世界是虚假的，现实世界背后另有一个本质的真世界。因为现象不断变灭，本质理性世界才永远存在。而且现实世界不过是理型之摹本。

此说自柏拉图以来源远流长，尔后基督教流行，其世界观亦大体近似。人世之上，另有上帝之国。人世乃罪恶之渊、堕落之域，上帝那儿才是人真正的归宿。

佛教也有类似的看法，谓人世为娑婆世界，是秽土、火宅，人不应居处在这种地方，所以应出脱、往生、度到彼岸清凉世界、净土佛国去。

他们要不就说这个人世是空，要不就说它是假，要不就说它是恶，强调出世才能解脱，才能获救。儒家不是这样的。儒家觉得人生下来，活在这个世界，而只一味诅咒嫌弃它，另去幻想一个人活着都去不了的地方，毋乃顽痴？这个世界如此真实，我们每天吃喝拉撒于其间，却偏要告诉自己这一切都是空的，是假名，是我心识所变现来骗自己的；甚且我也不存在，是空，不能执着以为真有。似乎也很可笑。

何况如此说来说去有何意义？能真正改善我们这个世界或改变我们在世界上的处境吗？如果说此世不真不善，人又不能别求另一世界来过活，那么便只能把它当真、把它改善了。儒家对现实世界乃因此而有理想有担当，特别能积极行善、教善、劝善，努力改善现实世界。

五、人生的两面与合一

我们平常说的人生，指的既是个人生命的一生，又是人面对世界的一生经历，所以人生兼有个我与世界这两面。这两面，在人生中又是合而为一的，谁也不能脱离了世界说人生，脱离了人而说世界亦无意义。在这个理解上看，改善世界便与改善个人密不可分，反之亦然。《大学》讲“修身、齐家、治国、平天下”一贯相连，正是这个道理。修己与安人安天下乃一事。己不修，不可能安人安天下；天下不安，自己也绝不可能安。

佛教便无此治国治世一面，乃出世之学，以个体解脱为事。大乘佛教兴起后，强调菩萨道，要普度众生，仿佛儒家。许多中国佛教徒也以儒家救世爱国、济苦救难等伦理去理解它。殊不知两者迥异。佛家之慈悲，是悯众生还不知自己陷在火宅中、还不能解脱，所以要发愿度化大家，超拔此世。儒家之先天下之忧而忧，是要教化、鼓舞大家一齐来改善这个世界，令能安居乐业。两者可谓南辕北辙。

西方基督宗教原本也是出世之学，上帝主宰着人生，因此现实社会也交由上帝的代理者（教会）管理。神权、教权绝对凌驾于世俗权力之上。启蒙运动、工业革命以后，才改采政教分离原则，上帝的归上帝，撒旦的归撒旦。

两个世界，依循两种伦理。面对上帝，人应发挥其灵性，积极向善。在现实领域，则依循着欲望的逻辑。人都有欲望，欲望大别有三：一是性欲，二是金钱财货之欲，三是权力欲，也就是对他人他物的控制欲。欲望不能消灭或压抑，因为它即是俗世之内涵与原理。欲望也不能提升，除非上教堂去领受上帝的爱。所以俗世之伦理规则不是要抑遏或提升之，而是要保障人人均能公平地竞争，合理地实现其欲望。现代民主政治、法治社会、市场秩序、婚姻制度、科学技术，就如此建立了。

它不否认每个人除了欲望之外还有灵性，但那是个人私德之问题，涉及个人灵魂之救赎，与公共社会无关，故非公德。个人当然也有权修身齐家，可是那亦非公民权、市民权所欲问。西方近代在谈人权问题时，均不会谈及这些。当代政治哲学尤谨于“政教分离”

原则，凡政府拟强化意识形态、人文教化时，都会提防它走上神权化的老路。

儒家与此殊趣。儒家是个人与“天下”一体、与“天”上下一贯的。纵的，可以与天地同流；横的，可与民胞物与。所以“十字架开”，浑浑浩浩，无凡圣之隔，无人我之分。

具体做法，则从修身做起：人都做不好，还谈什么世界？

人要如何才能做好？相关道德格言千千万，但其实非常简单，总括不过三条：一、诚，慎独于己。二、仁，忠恕于人际、物际。三、礼，行之于事。

诚，不是一般说的诚实。一般说诚实，总是讲人与人之间须诚信诚实，儒家说的远比这个深刻，因为诚主要是个人内在的真诚，所谓“诚于中，形于外”。诚，首先就要能真诚面对自我，故《易》曰“修辞立其诚”，不说谎、不造假、不骗人，前提乃是勿自己骗自己。因此，儒家强调“慎独”。你一个人自己独处时，才是道德真正的考验之时，骗得了别人，骗不了自己。我们每个人都可自己做个检验，回想自己在说别人闲话、坏话、丑话时，是不是自己就先猥琐了起来，掩口低声、眉目鬼祟？

为何会如此？没什么，人都有良知，凡干此等见不得人之事，说秘密、讲悄悄话，自己就先在良知上过不去。反之，若自觉于理无亏，自然就会挺直了腰板、声洪气盛，伟岸了起来。人若能时时如此检讨，渐渐就能做到“不欺陋室，不愧衾影”。

诚，也即是孟子说的羞恶之心，指人的羞耻心。羞耻心首先针对自己，所谓“行己有耻”，乃是良知的一种表现。如果行事昧于良心，俗话说良心被狗吃了，利欲熏心，自会干出种种可耻之事。

由于人有良知，所以人又有恻隐之心，对别人会有自然的关怀。孟子曾举“乍见孺子将入于井”为例，说明人都有这种不忍别人受灾的良心。我们自己也可体会一下：听闻别人之不幸，一般也都会油然而生哀矜悯慰之心；听说别人有喜事，虽与自己不相干，也仍会为之高兴。这喜与悯，都是不假思索而然的，发诸人之本心本性。儒家所说的仁，指的就是这种心，要将它发挥出来，仁民爱物。

具体的做法很简单，一是发挥、长养这种仁善之心，勿剪勿伐，让它成为我们一直保持的心态。仁和之气自将煦煦然润人泽物。二是与人相处时，常持忠恕之道。忠，字是中心，指尽己心力，不偏不倚。恕，是如心，“他人有心，余忖度之”，凡事将心比心，己所不欲，勿施于人。这样待人接物，自然和美。

儒家还讲克己复礼。礼，是行之于事的。例如人的一生，要长大，入社会做事；要结婚，建立家庭、繁衍后代；要死亡，告别人世。这些都是不能逃避的。对此等事，儒家都有相应的礼来处理，有冠礼、婚礼、丧礼。人死了以后，子孙仍会缅念追怀，乃又有祭礼。这些，均是针对人的一生而设，因此，一般称为生命礼仪。

社会上各种事，则由吉、凶、军、宾、嘉各种礼来对应，称为社会礼仪。

特别就国家政治层面制定的，则是邦国礼仪，如各种典章制度、舆服、名器、律吕等。

此外还有岁时礼仪，又称岁时行事。指人在一年岁时流转之过程中都该做些什么事。例如春天是生气勃发、万物生长之季节，不可去掏鸟巢、斫木、烧山，而应安萌芽，养幼少。省囹圄，去桎梏，毋肆掠，止狱讼。祀不用牺牲。布德行惠，命有司发仓廪、赐贫穷、振乏绝；开府库、出币帛，周天下；勉诸侯聘名士、礼贤者。（《礼记·月令》）做一切能长养民众、助发天地生机、涵茹生气之事。

五四运动以来，动辄批评儒家“以礼杀人”，说礼教吃人。但你细看这些礼，就知道它都是顺天应人的，是对我们人生行事的一种梳理。人生不能不处世应事，遇事该如何应对，儒家之礼，提供的正是一种导引，可以避免“民无所措手足”。

以上，诚、仁、礼三者是一贯的。忠，尽己；恕，体谅人。所以忠恕也就是仁，而礼亦本于仁和诚，不在其虚文形式。且礼与仁一样，可上通于。

仁可上通于天，是因儒家相信“上天有好生之德”，仁民爱物，本身就是天德，故仁者仁心，上合天心。礼则吉礼便都属于对天、地、日、月、山、川之祀，显示了人与天的联系。凶礼之丧祭，也同样是表达人和鬼神的关系，显示了人的生命不是孤立的，自有其根源。故儒家论礼，要不就说：“礼者，理也。”要不就说：“礼，本于太一。”礼不是人为造作的一套规则，而是合乎天理道理的，不如此，它就必然无法施行，会被人推翻扬弃。

礼本于太一，讲的也是这个原理，谓其本原实出于天。举例而言，儒家主张孝，颇有人不以为然，宣扬“非孝”以资对反。可是请问：

为什么一个人对父母不孝，邻里闻见，均不以为然、均鄙弃其人？为什么一位孝子，大家却都敬重之？孝子自孝其亲，对旁人并无什么好处，而人皆敬礼。不孝子自忤逆其亲，对别人也无关痛痒，可是为啥人人都反对他？岂不因孝亲合乎天理吗？儒家据此天理，设计了许多孝亲之礼仪；社会上人也因孝亲合乎天理，而对孝子深致礼敬。此礼之所以合天也。

人能发乎诚，秉乎仁，行乎礼，不仅修身没有问题，亦可以化民成俗。

化民成俗，一种是人心相感，寖使乡里邦国穆然成风，民德敦厚。一种是以礼行义，透过上述邦国之礼、岁时之礼、社会之礼、生命之礼，以使社会逐渐化成人文，脱离朴鄙野蛮之状态。除此之外，宋明以降，儒者饬宗族、办书院、申乡约之法也非常有效，这其实就是通过教育建立一种儒家型社会，让大家都能过着有意义的生活。

六、何谓有意义的生活？

人活着有什么意义？佛教、基督宗教都说没意义，人生是苦、是罪，唯求解脱。儒家不然，认为极有意义。意义何在？

儒家说：人性本善，所以人生最终的成就即是完成善。《大学》曰：“大学之道，在明明德，在新民，在止于至善。”小善成己，大善成物，成为善人，也就是仁者。

由性本善到成就为善之历程，即是儒学之“学”的工夫与内容。

其工夫，一为存养，原有的本心良知别丢失了，别被狗吃了，须守而勿失。其次还要扩而充之，涵养性德，使其充盈，渐有浩然之气。这些，综合起来，称为“明明德”。

第二，良知本善，但世间物事纷论，人处其间，要能择善而从，则须有见识。没有这种见识，仁者就可“欺之以方”。孔子说仁者无智，其弊在愚，孟子说徒善不足以自行，均就此言之。

如何培养这明辨是非之识见？《大学》说要格物、致知、慎思、明辨、博学、审问。儒者须致力于这种学，否则行善便成空谈。相传有位大官致仕，临陛告别，皇帝十分不舍，问：“爱卿远去，优游林泉，有什么临别赠言，好让我依循的吗？”大臣说：“愿陛下亲君子而远小人。”皇帝哈哈大笑说：“这，谁不知道呢？问题是谁是君子、谁是小人难以分辨呀！”许多宗教家劝善，也只说要存好心、说好话、做好事，忘了什么是好才是关键，徒然使此类劝善语变成一则好心的空话，儒家则不如此。

相较之下，道家主张是非不必辨，要“是非两行，和之以天倪”，以道观物，超越是非，故反对学，说“绝学无忧”“为学日益，为道日损”。佛家主张是非双遣，不思善，亦不思恶。其学也自与儒学不同。

以上两路，可大体分为“尊德性”与“道问学”，但两者又非截然异路。两者的关系，不同的学者有不同的主张，但基本上都应具备，偏行其一，便非儒学。

此学，行之于己以外，还需推拓于社会。在政治上，要求拨乱反正，说：“善人为邦百年，亦可以胜残去杀矣！”在社会上，一方面利用教育，一方面透过社会工作，例如建立善堂、积极劝善等等。总之，期待造就一个善世界。

这个善世界，又是真善美合一的。本乎诚心，故真。秩序厘然有当，故美。儒者即以创造这样的生活世界为其生活之最大意义。

这种人生智慧，儒者认为适用于任何人，因此我们不妨说它具有普世性。不过，由比较文化研究的角度看，它其实甚为特殊，具独特性，与佛教、基督宗教诸文化传统颇不相同。未来它能不能成为普世的，则须看我们能不能予以深化及推广，但在目前，我觉得首先应认识它独特的价值、品味它深刻的智慧，不必急着与以基督宗教为内涵及标准的所谓“普世伦理”去挂钩。

研究象山学之三弊

陆九渊，象山先生，是与朱熹并驾齐驱的大儒，国史上有数的儒者，地位甚高。明代王阳明之学崛起后，因为跟朱子有些差异，一般都把他放到象山底下，说是陆王学派。好让人感到阳明毕竟还是渊源有自、持之有故的。因此，程朱学派和陆王学派几乎长期被视为理学两大支，犹如佛家之空有二宗。

可是近年很奇怪，阳明学忽然大热，朱子学却不太讲，陆象山更糟，基本无人闻问。空有双轮，独持小半轮，而夸夸其谈，不是怪事吗？

可是，象山确实也不好了解，古代研究、阐述其学说者，也曾不计其数。可是误解甚多，知音并不易觏。归纳起来，论象山之学，历来有三弊。我想先谈谈，替未来象山学之复兴打点基础。

一是谓其为禅。

二是说象山尊德性，不道问学。

三则批评象山是心学，不经世。

说象山是禅学，是很常见的。王阳明当年序象山集时，就曾替象山辩白过。但至今此论不息，甚至说阳明也是禅，或整个宋明理学都是“阳儒阴释”。这真是个大笑话、大误解。

佛教自六朝以后，说众生皆有佛性、皆可以成佛、要明心见性等等，都跟印度佛学迥异，乃是吸收儒家学说以后才形成的新讲法。例如人皆可以成佛，就是套用儒家说的“人皆可以为尧舜”；人皆有佛性，就是儒家说的人性本善；善有善报、恶有恶报，就是儒家说的“积善之家必有余庆，积不善之家必有余殃”等等，和印度佛教教义有许多不同。故与其说宋明儒是阳儒阴释，不如说唐宋以后佛教才是阳释阴儒。后人见佛家与儒学有相似之处，反而好像发现新大陆似的，指儒者窃用了佛说，岂非源流不明，盗诬主人吗？

由于唐宋以后佛儒相混，因此许多儒者也并不特别辟佛。可是象山却是严格分辨儒佛的，谓佛老乃异端，正理不容有二。

分辨的理由，主要是以义利辨之，批评佛家不经世。文集卷二《与王顺伯》说：“儒释之辨，公私义利之别，判然截然，有不可同者矣。”

为什么？象山说：儒家惟公惟义，要求人要尽人道，是谈所有人都该行的伦理；佛教则只关心个人死生问题，所以发心处就是私是利。“惟义惟公，故经世；惟利惟私，故出世。儒者虽至于无声、无臭、无方、无体，皆主于经世。释氏虽尽未来际普度之，皆主于出世。”

象山分判儒佛，基本观点如此。类似言论很多，如卷三四：“释氏立教，本欲脱离生死，惟主于成其私耳，此其病根也。”（《语录》上）卷三五：“释氏谓此一物，非他物故也，然与吾儒不同。吾儒无不该备、无不管摄。释氏了此一身，皆无余事。公私义利于此而分矣。”（《语录》下）等等，不胜枚举。

大家都知道义利之辨在儒学中的分量。象山以此区分儒佛，可见儒佛之分，在他看，是没得商量的，绝对不能融通。

象山之说如此，说他是禅学，他是绝不会承认的。

第二个误解是说他尊德性而不道问学。

此说于象山生前即已甚嚣尘上。《语录》上曾载：“朱元晦曾作书与学者云：陆子静专以尊德性诲人，故游其门者多践履之士，然于道问学处欠了。某教人岂不是道问学处多了些子？故游某之门者践履多不及之。”因而此说很可能出于朱熹。后来论两家之异，也常如此说，像黄宗羲《宋元学案》论象山，劈头也就说：“先生之学以尊德性为宗。同时紫阳之学，则以道问学为主。”

以“尊德性”跟“道问学”分辨朱陆，是没问题的。但由此分疏，却形成了一种流俗见解，说象山不道问学或反道问学。在常人看来，象山甚至是不主张读书的，有点像禅宗之讲顿悟。这种理解，真是过于浅薄了。为什么呢？

第一，陆九渊这个家族，本身就有博学的传统。

我们首先来看陆九渊怎么记录他爸爸。他说他高祖陆有程“博学，于书无所不窥”。接着又说他父亲陆贺博学，“究心典籍”，喜欢读经史，经常读到深夜。而且对于冠、婚、丧、祭等这些礼制是非常有研究的，附近的人有事情都要请教他。又说他父亲对于《大学》的章次，觉得编辑有问题，还得重新调整等等。通篇强调他父亲的博学，认为他父亲花了很多时间努力读书。

然后我们再看他怎么讲陆九龄（他一个哥哥）。九渊、九龄两兄弟的学术方向、平生志趣是一致的。当时鹅湖之会也是两兄弟同去，而且兄弟间还是以哥哥为主。可是，你看他怎么去描述他哥哥的学问。他说九龄对于阴阳、星象、占卜、五行、易术都很有研究，“靡不通晓”。

在这样的一种家庭背景下，陆象山自己当然也是博学的。后人常常因为强调象山学术的“尊德性”的部分，忘记了象山在读书上也非常勤苦、非常用功。

而这一点，在他的传记资料上却不难看得出来。所以他特别讲述他父亲精研典籍、熟悉儒家的各种礼仪，并在家中推行。这其实也是朱熹作《家礼》的思路。还有，就是说他的哥哥“读书无滞涩”，看书没有任何的阻碍，百家之学、阴阳技艺，无不通晓。

这讲的虽是他的父亲、他的哥哥，可是实际上陆象山自己本来也就是这样。所以在陆象山过世以后，弟子杨简为他写的行状里面，就特别提到他这种博学的状况：“读书不苟简，外视虽若闲暇，而实勤于考索。”

我们现在读《陆象山文集》，也能看到里面谈五行、谈易术、谈阴阳、谈星历、谈占卜的东西多得不得了。这一点，我发现很多人都不太注意。特别是他反对扬雄的《太玄》。他认为后来讲《易经》卜筮的办法受了扬雄很大的影响。

易学、占卜之外，他对《尚书》也花了很大的力气。他跟他的朋友们游山讲学，常讲《尚书》，对于《洪范》尤多心得。他在湖北荆门做官的时候，也特别讲《尚书》。现在还留下了讲《尚书》中的《洪范》篇讲义。另外，他对于《春秋》也是有讲义的。他发挥《春秋》大义，分量也挺多。

由于过去光是在“心学”的角度下看象山，对这些都不注意。一般谈宋明理学的朋友，对这方面也不了解。对于象山谈易经易术、谈《春秋》、谈《尚书》，到底在尚书学史、春秋学史中是怎么样的地位，跟其他学者的关系等等，几乎从来没有文章谈到。但实际上这是象山学里非常重要的部分。否则你看他在荆门做官时，几次召集军民来开讲，都是专门讲《尚书》、讲《春秋》，为什么？

无论在荆门或象山，他跟同事、挚友、下属、士子和百姓讲学的时候，都说即使是游山，我们也要讲习《尚书》。《尚书》《易经》《春秋》对于象山来说，都是非常重要的。故象山不是如一般人所以为，只是发挥了孟子的那几句话。

这是从他的家世的传统及他的本身的学术上来看的。

另外，就是我们要注意朱熹所讲的尊德性、道问学之分，是在什么层次上讲、在什么地方讲。

朱子主要是在教法上讲，就是在怎么教人上讲。学者教人时说，你要跟我学，很好；但跟我学不是枝枝节节的，东一点、西一点，而是要“先立乎其大”。这就是象山的教学方法。朱熹的教学法则是说要循序渐进，先一步步把该读的书读了。这主要是在教人的层次上说。但是，这样就能说，象山只是光谈“尊德性”，或者说朱熹光谈“道问学”吗？何况，朱子说这话时，也只是就两家的偏向说，讲一以这为主，一以那为主。并不是说陆象山只是尊德性，自己只有道问学。

曾有一个象山的弟子跟他搬弄是非说：先生，您的学问，是形而上的，是道的部分；朱熹的学问比较偏重于形而下，是器的部分。象山听后告诫他说，你如果这样批评朱子，朱子可就会不服气啦！

是的，朱子的学术怎么会没有尊德性的部分呢，当然有！象山学问，也不会没有道问学的部分。而且我要特别强调的就是：象山道问学的部分，并不是枝微末节。道问学的功夫不是可做可不做，或做多做少无所谓的！“先立乎其大”是入门的辨志，辨别志向、区别方向。有了前进的方向，还要继续往前走，不是辨志以后就立地成佛了，所以他非常强调学习《大学》，要“博学、审问”。

他说：古人十五岁悟《大学》，他认为格物致知是下手之处，所以《中庸》讲“博学审问，慎思明辨”就是入手的方法，博学是格物的方法，是下手处。这方面，《大学》和《孟子》讲得很清楚。要读书就应亲近师友，向师友学习，自古圣人也都要广择良师，向师友学习才能有进步；何况我们不是圣人，怎么能够靠自己空想呢。所以他其实是非常强调读书的。

我们常误以为他不强调读书，其实不然。他说，格物致知是下手之处，“博学、审问、慎思、明辨”是正理。读书则要像孔子说“学而不厌，发奋忘倦”这样。

所以，第一，他强调读书；第二，强调亲师友、师友会聚。他说如果有机会能够有师友会聚讲学，我们当然要鼓励。因此，第三，象山又强调讲学。这些都是象山做学问的部分。我们不能够以为象山学只要说“心即理”就够了。他在读书做学问上是很勤苦的，他的家庭也有这种博学的传统。这就是我要说明的第二部分。

第三部分是什么呢？就是象山经世思想的部分。

我一开始就从象山跟佛教的关系上来辨明，看象山怎么区分儒佛关系，就是要点出象山跟别人区分儒佛很不一样。为什么？他特别提到儒家经世而佛教不然。儒家经世这一点，恰恰是历来诟病陆象山学问最多的。大家都说陆王之学是袖手谈心性。你看清朝人怎么反对陆王？不都说陆王之学是闲谈吗？由于陆王之学与其他学问最大的不同之处在讲本心，但是对于实际的民生日用，好像陆王心学只是束手无策的。其实这是我们自己理解有问题，如果以为这就是象山学，恰好就完全搞错了。

象山为什么从经世、从化民成俗的角度来区分儒佛呢？这正是由于象山重视经世。

我们看他的年谱，年谱上说：先生十六岁，读三国六朝史，夷狄乱伐，听到过去靖康间的事，便学弓马骑射，有志于恢复中原。若这只是说他年轻时候这样，他老了以后呢？一样的！淳熙十一年（1184），年谱上说，他读武略，研究兵书、讲究战略；说先生少年时，闻靖康事，慨然有志于复仇，所以访求志勇之士，欲图恢复中原。对于天下的形势要害，皆有研究。这些情况，在象山自己的文章中，也不断地谈到。

淳熙十一年（1184），象山去当考官的时候，你看他怎么出考题。他出的考题，有一题是这样的。他说圣人立物制用，立衡器以为天下利；盖房子，老百姓可居住，做船、造舟楫，老百姓可以通行。这些圣人的思想都是可以真正利国的。从孟子讲“何以利吾国”的义利之辨以后，很多人都以为儒者只该讲义不该兴利，那些辟土地、充府库的事，就不考虑了。这实际上是把孟子的话理解错了。象山认为凡是儒者，都要谈记账、文书等各种事务，孔子曾当过会计，《洪范》首篇又为《食货》。孟子呢？也谈王道。王道要怎么样呢？要制民之产、养民之欲。所以他透过考题来提醒考生重视这一点。

象山在他哥哥九龄过世以后所写的行状，记录了很长的一段论辩。论辩的原因，是当时有盗寇要进犯金溪，他们家族附近的人就来找陆九龄，问能不能起来率领我们抗暴，陆九龄跟他家庭的人商量了以后，决定要出来。当时就有人反对，说你一个儒生，不应该去管这些事情。为此双方反复论辩。这时他哥哥有段话说：像孔子，他曾经学做委吏，学会计，他都做得很好，我们一个儒生，若什么事情都不懂，怎么样应付时世？这就表示了他的一个态度。

还有就是象山在文章里特别强调我们应该学古代的圣王，像尧、舜、文、武，他们都能够做大事，不应该只是在书斋里面。他年轻的时候有志于恢复中原，年长的时候讲求战略，还强调儒者的本领不能够只是读书，都体现了这种态度。

当时他的弟子曾问他如何医国。他说我是有医国的手段，怎么样任贤、怎么样用官，讲得头头是道。平时我们都注意到了象山学问跟朱熹有所不同，但是他跟朱熹其实很多地方还是有交集的，其中一个交集就是社仓。朱子在各个地方做事都非常重视社仓。社仓是一种救济性的制度，在歉收的时候把社仓开放来救济老百姓。象山对朱子的社仓法基本上很欣赏，也推行，但不完全赞同。因为象山觉得社仓只能在粮食比较富庶的地方做，如果常常年份歉收，社仓的制度就不完全能够应付，要用别的方法辅助它。而且社仓这样一种制度仍要相关的地方首长来推动，否则亦属无效。

针对当时的政治弊端，就是胥吏问题，象山也有很多体会和批评。现代人批评古代政治，常指责君主专制。古人论政，所关注却常不在上而在下。下层官僚，吏治不彰，其实才是中国政治的沉疴。

这是什么问题呢？文官体制是有官也有吏的。士人考上进士被派任到地方当官，这叫官。官都是自己去地方就任的，连家眷都不准带。他衙门里的人，叫吏，又称胥吏。吏都是本地人。官做了几年以后，任满，就被调走了，但是吏仍是那一批，而且都在地方上盘根错节，亲戚朋友一大堆。这些胥吏知识程度不高，但是在地方上长期把持着钱谷、米粮、邑庠、军政等等事务。新的官来了以后，地方状况不了解，对法律规章、判例又不熟悉，只能仰赖底下这些刀笔吏、狱政、师爷。这些人往往欺上瞒下，对老百姓进行很大的剥削，而且成为一个很庞大的官僚体制中间层，使得上下暌隔不通。

这是宋元明清政治上的癌症，一个很大的问题。从宋代叶适、陆象山提出批评以后，直到明末顾炎武、黄宗羲仍在讨论。

顾炎武的《日知录》、黄宗羲的《明夷待访录》，都曾探讨过胥吏政治所带来的危害。而这个弊害，象山就看得很透。他说做官的你要搞清楚很多的政策，下面幕僚提供给你的很多想法往往不是为了老百姓，而是为了他自己的利益。所以你要真正了解哪些是老百姓需要的，去除胥吏之害，才能让老百姓得到好处。

另外，他认为一个地方官最重要的就是要听老百姓的倾诉。对于老百姓的倾诉，应该用什么样的态度去面对。

这些，都是由当时的实际政治出发的。还有一些是原则，原则是什么呢？他在《与辛稼轩》的信中，用很长的文字来讨论做官的宽仁刑猛的问题。他认为，不是对民吏越宽仁越好，要去其不仁才是真仁。你不能当好好先生，不好的政策，立刻要去掉；不好的人，不好的吏员、衙役，也立刻要去掉。唯有这样，才能够替老百姓带来真正的好处。这个是政治原则。当好好先生而显不出政治上有果断性，是不对的。

还有，他觉得一个从政的人，要有从政的用心，这个用心是为老百姓。他在文章中反复强调：你要搞清楚啊，努力从政不是为了你，也不是为了你这一批人的利益，是为了老百姓，所以你要从这个地方来关心百姓。

正因为他有这样的想法，有思想又有手段，他后来在荆门军做官，才会做得那么好。他过世时，周必大评价他的事功，说可比得上古代的循吏，确实可以看出讲心学的功效。

可见讲心学不是只在家里做功夫就够了，最重要的是你能实际用在社会上。象山这方面就做得很好。荆门小试身手，对陆象山来说还是太小了一点，他的本领应该很大的，就像他讲可以“医国”嘛，他应该有这种本事！

他临终时，年谱记录那一段，也是很有趣的。说他跟他的后辈讲，我哥哥陆九龄当年有志于施行天下，想把他的学问用在天下；很可惜，他来不及了。而说这话过了不久，陆九渊就病重了。前面那句话，陆九渊是在讲他哥哥，同时也是在感叹我也想施用于天下呀，但很可惜没机会。不过呢，他小试身手，在荆门军确实让我们看到了他践行心学的功效。

我们做学问的人，回去查一下《象山文集》就知道，象山说“成己”跟“成人”这两者是一贯的。君子利己而后利人，也是一贯的。必须要两者合一，这才是儒者之学，而不只是讲诚意、正心、修身、尊德性就够了。

我讲这三个部分，当然是讲一般人理解象山的主要毛病。分开来谈是这三个问题，综合起来却是讲象山之学内外一致、本末一致，修己致人、成己成物这两者也是合一的，这才是象山学的全貌。

我们要想了解象山学，恐怕应该从这个角度来看。正因为这样，所以象山学跟我们的社会的关系，不言而喻。我们现在做官的人和今后有机会入仕为官的人，若能够像象山先生一样，问问自己，我们的本领到底在哪里？我们的本领是在抽象概念的思辨上吗？还是对于这些政治、金融及天下形势，我们也能够有所研究呢？可以让我们的孔孟之道真正经世济民，恐怕才是儒学可以作用于当代的重要功能。儒学的思想是不仅“正人心”而已，还希望能够“正天下”，这是象山之学重要的理念，也是象山先生精神所在。谨提供给各位参考。

文人结社

魏晋南北朝时的文人集团，是以帝王为主的官僚文人、政治上的权贵者往往即是文坛的主盟。王公贵族周边聚集了很多文人。从汉武帝，建安七子，再到三张二陆两潘一左，竟陵八友、北齐学士，萧梁等等，几个皇帝、亲族都是文学家，形成了很大的文人集团。唐初还是这样，唐太宗、武则天都如此。但玄宗以后就再也没有这种情况了。玄宗前期身边也有一票文人，最重要的就是李白。李白与司马相如差不多，也是被“倡优蓄之”。但自从李白被放归江湖之后——这是很有象征性的事，后来文学史上再也没有一个皇帝能像从前一样，团结一批重要文人，并形成文坛上具有影响力的集团，导引文学史的发展。

是后来没有喜欢文学、鼓吹风雅的皇帝吗？不，只不过形成不了这样的作用了！皇帝很有才华，不过如南唐二主、宋徽宗一般是个人，而不是一个文学集团。乾隆皇帝，是有名的附庸风雅，修《四库全书》，编《唐宋诗醇》。但我们讨论清代诗歌流派与理论时，乾隆是没有办法作用其中的。这就是时代之变。

唐中叶以后，帝王无此力量，则文章之贵贱，操于贤公卿，例如元白、韩柳、欧苏等。这时文人集团不在朝而在野。文人都是自己结的社，其标志就是江西诗社宗派。自此以后，诗社、诗派林立。

诗社、诗派是宋代所出现的事物。北宋时期，或许还有士大夫、一些著名且有政治地位的人作为领袖，如苏东坡、王安石、欧阳修等，号召了一票人形成了文人集团；但到了南宋，连这个也没有了，是否由大官、政治上有力量的名人来号召并不重要，结社是遍布江湖的。诗人往往跟大官僚无关，而由民间的结社来。文人结社成了文学史发展的主力。

明代情况更甚，整个文学思潮的转变、论争，以及所有的运动、阅读，书刊的编辑、选集，都与文人结社有关，甚至因“文人结社而斗”，故要了解明代的社会、政治与文学，也必须要了解明代的结社状况。夏允彝《岳起堂稿序》说：

> 唐宋之时，文章之贵贱，操之在上，其权在贤公卿。其起也以多延奖，其合也或贽文以献，挟笔舌权而随其后，殆有如战国纵横士之为者。至国朝而操之在下，其权在能自立。其起也以同声相引重，其成也以悬书示人而人莫之能非。故前之贵于时也以骤，而今之贵于时也必久而后行。

明代自开国的刘基、宋濂以降，文坛权柄皆操之在下，由文人自己竞争话语权，虽诸生处士，凭其诗文或文学主张亦能倾动一时。信服其文采及主张者，自成一集团，与其他集团相竞，谁也不服谁。故批评它门户标榜、出主入奴，固然不错，但一个文学真正独立于政治势力之外，人人皆可为自己的文学主张效忠的时代岂不是由此可见？

元末，“浙东、西士大夫以文墨相尚，每岁必联诗社，聘一二文章巨公主之，四方名士毕至，宴赏穷日夜”（《明史》卷二八五），入明以后仍是如此。文酒之宴，品文评画，杂以声伎，彼此唱酬一番，这是文人交往的基本形态，源于唐宋，是兴趣的组合。或切磋攻文，或优游卒岁，属于好朋友一起玩的性质，未必有什么明确的主张或文学倾向。明初高启的北郭社，孙蕡的南园社，杭州的耆德会、会文社，浙中闽中的几个九老会皆是如此。也有文人聚合，同声相求，而渐见宗旨者。如“闽中十子”皆以盛唐为法、鳌峰诗社以本社前辈之诗为法，都各形成一种风气。这两大类，在明代，早期以前者为盛，后者愈晚则愈多。

论文学者，一般不重视前面这种游嬉唱酬型的。但实际上文学多起于游戏，文人之交往酬唱更是文人阶层得以巩固及扩大之基石。有主张的文人团体，亦是建立在这基石上的。文人强调气味，感觉不对，玩不到一块儿的人，主张就根本合不到一处。

再说，文人泰半少年攻苦，以求科第；中年仕宦，奔走四方；晚年才能呼朋引伴，优游林泉。故文酒之会、耆老之社，乃其暮年赡养之所需，社集以怡老、逸老、归田、耆英、高年、朋寿、乐天、林泉为名者最多，即因它有文人阶层内部的需求。有些社，还置有社田，把诗文集会完全变成了养老的组织。例如创于嘉靖间的逸老社，万历中就发现有社无田是不行的，于是，置负郭田若干亩，立籍于宝生禅院，岁征租供春秋两社会计出纳，士大夫以齿而狎主之”（陈幼学《逸老堂社田记》）。显然这既是依实际需求而生的体制。此类娱老酬唱之社，文学造诣未必出色，但推广文学、扩大影响之效，绝不可低估。

至于有主张的社集，主张不只见于言论，还可从许多地方看出来。例如其祠祭。社集是把文人群视如宗族群的，故多有宗教祭祀活动，如张埁有一首《余缔雪社于湖上。汪然明建白苏祠成，同社合赋，兼邀然明入社》诗，收在《奚囊蠹余》中。祠祭，是把古代文人当祖宗一样地崇拜，这自然就显示了祈向。

社又是契约团体，故皆有社约规则。社约千奇百怪，例如嘉靖之海岱诗社，社稿《海岱会集》收入《四库全书》，书前就有社约，说是不准将会内诗词传播于外，违者有罚。讲得好像秘密社会似的。同时之西湖八社，社约则说：“凡诗命题，即山景物，不取远拈。”乃是以歌咏风景起兴，跟其他诗社喜欢命题作诗不同。又粤山诗社，梁有誉《雅约序》云：夫文艺之于行业，犹华榱之丹雘、静姝之绮縠也……倘情致有所属，而制述无恒裁……强欲角逐艺苑，何异执枯条以夸于邓林？可见是讲究作诗之体制的。

社约对社员颇有约束力，《公安县志·袁宏道传》说袁宏道“年方十五六，即结文社于城南，自为社长，社友年三十以下者皆师之，奉其约束不敢犯，时于举业外，为声歌古文辞”。这个社，以作时文为主，然其情况实通于其他诗文社。故《广东新语》描述黄佐领袖南园诗社，“持汉家三尺以号令魏晋六朝，而指挥开元大历”，讲得好像军队的纪律。

以上这些，都看得出社集很强调内部的凝聚力。崇祯间的几社，甚至规定非游于陈子龙、夏允彝之门者不得与。意谓非师生不同社，可见他们重视同构性之一斑。

社集当然也重视对外的交流。他们作诗作文，集起来成为社稿，会传抄或刊刻。传刊之目的，是纪念，也为了宣传和交流。

除了内部写作以外，对外也办活动，类似于诗歌比赛的活动。元朝的月泉吟社，曾出一个题目，然后定出一些条件来征稿，选诗，约诗投稿，还专门聘请诗翁来主持评选。这样的评选活动跟现在的文学奖一样的，也有资金襄助的。主盟者就是主持评选的人。明代这种情况当然更甚。

社与社间的交流还不止于社稿交换或约盟揭赏，更有大集或大会。如周亮工《书影》载：万历三十六年（1608）茅元仪号召秦淮大会，“尽四方之词人墨客，及曲中之歌妓舞女，无不集也；分朋结伴，递相招邀，倾国出游”，可见其盛。晚明有很大名声的复社，其实也就是由各小社结合起来的，是大会的定型化。故朱彝尊《静志居诗话》卷二一云：“于时云间有几社、浙西有闻社、江北有南社、江西有则社，又有历亭席社、昆阳云簪社，而吴门别有羽朋社、匡社，武林有读书社，山左有大社，佥会于吴，统合于复社。”

宗旨相近的小社联合成大社后，对其他不同宗旨者自然就形成了强大的压力,也会结集以抗。如与复社对立的阮大铖中江社、群社，便是这种性质。群社取名“群”，他还作了《群社初集共享群字诗》示意，可见其旨。中江社则有钱禄《先公田间府君年谱》云：“壬申，邑人举中江大社，六皖名士皆在。”亦可证其为大社。由其结社情况看，不同社间虽有交流，但基本是竞争关系，其联合亦常是为了做更大的对抗。明代文人集团每予人党同伐异之感，即由于此。

社内也是有竞争的。如高岱、李先芳主持诗社，召李攀龙、王世贞入社。后来谢榛因援救卢柟出狱,名震京师,诸公遂亦邀谢入社。可是王李崛起后，先是摈除高岱、李先芳，另延宗臣、梁有誉入社，与谢榛合称“五子”。再招引徐中行、吴国伦，改称“七子社”。但就在“七子”名号正响之际，却因谢榛自以为是领袖而引发内讧，于是大家又把谢逐出。谢是布衣，然能说诗，对该社诗风宗旨颇有决定性的作用，而其结果如此。可见文人集团的内部政治，其实跟政治团体没啥不同。时人常以春秋会盟时“执牛耳”“立坛坫”“主盟”等语形容社集，社中领导权之竞争正似诸侯之攻伐!

文人结社不但在文学史上很重要，在中国社会史上也很重要：文人诗社是所有一切社团的模范。翻翻《西湖老人繁胜录》《武林旧事》，你就知道当时西湖有各社百种，都以诗社马首是瞻。文人在中国社会有特殊的地位，文人中诗人的地位又特别高，所以诗社为社集领袖。

而文人结社的源头是江西诗派。当时吕本中编《江西诗社宗派图》，可是《江西诗社宗派图》讲的并不是实际上的结社，即当时文人并没有真正结这样一个社。因其中所列的人年辈、时地各不相接，因此吕本中所编是观念中的社。即他用社这种观念，去处理诗人群体，将其比拟成为一个社。在社中，黄山谷就是祖。为什么叫诗社宗派呢？宗是宗派，是血缘族群下的分派。我们现在一个家族之下，是分派行的。宗派也者，模拟宗社的形态来说明一个诗人群。

这种谈艺方式，不只用在诗歌，也用以讨论其他艺术，如书法。天下所有法帖都起源于淳化阁，故曹士冕编了一本《法帖谱系》，很像宗族中的族谱。绘画，则东坡有位表哥叫文与可，画竹最有名，东坡曾称赞他“胸有成竹”。后来很多人学他，就形成了一个文湖州竹派，也编了本《文湖州竹派》。这样一种把诗人群、画家群模拟为社，形成批评意识来处理群体的方式，是社以及中国文学的批评意识之共同发展。

文学批评常与其社会组织有关，例如《诗品》采取九品论人的方式就与当时九品中正制度有关。曹魏设立了九品中正法，钟嵘则参考了这个框架，分上中下三品，每品再分上中下。书法、棋也利用这个框架来讨论，所以我们又有《书品》《棋品》之类。也就是说，这种批评意识从社会组织中来，将社会组织运用于文评结构中。

魏晋南北朝主导社会的组织是门第，故批评家会想到用九品中正制度来论诗。宋代，结社成为社会主导组织，批评家想把社会组织用在文学批评上时，会出现江西诗社宗派，当然也毫不奇怪。

另外，文人与秘密社会也有千丝万缕的关系。秘密社会也是民间结社之一种，所属的阶层比较低，文人阶层比较高。但文人沦落向下流动的情况，本来就不罕见。

在贵族社会中，人是不流动的，都从属于某个阶层。中国很早就脱离了这种社会。我将贵族社会称之为“闭锁式”的社会，如印度的种姓社会。早期中国也是这种社会：庶人不可能变成贵族，贵族也不会凌夷为庶人。春秋战国之后，社会流动大增，到魏晋南北朝又开始不流动。唐朝中期之后，社会流动才又加速，科举考试有一个特殊功能就是“朝为田舍郎，暮登天子堂”——垂直地向上流动。

人都喜欢向上流动，改善生活；但际遇难料，也不乏向下流动的，如柳永就是。宋元时，有一种特殊的群体与这种流动相关，那就是书会。比如妓院中不单只是妓女而已，还要有很多帮闲的人，如吹、弹、奏、唱这些人。这些人又需要有人帮他们编曲子作歌。所谓书会，就是这些文人向下流动，与底层人在一起的团队。编剧本、作曲子，多半都由书会为之。书会中人或称为才人。在宋代、元代，戏曲剧本大都是书会才人的作品。元朝钟嗣成《录鬼簿》收录的就是“名公士夫，书会才人”之作。

秘密社会则是文学与更底层的社会间的关系。所谓秘密社会，其组织和会约更为隐秘。其形成也有几种：

一是目的不见容于正常社会。其结社之目的可能是打家劫舍、鱼肉乡里。如《宋史》所载河南有“群不逞之徒结霸王社”，这是梁山泊一类的。

二是宗教结社，但被政府认为是邪教的。被视为邪教者，一般有重开新天地、重建新政治秩序、带来新政权等主张，这样就会被定义成邪教。邪教系统中，第一就是道教，从黄巾起事以降，累世不绝。第二是佛教，尤其是弥勒佛系统。弥勒佛是未来佛，佛陀曾经预言弥陀降生以后，会大开龙华三会，普度一切天人。弥勒衍生出许多教派，如龙华会等。再就是摩尼教，也就是金庸《倚天屠龙记》中的明教。摩尼教从唐代就进入中国，其教主名叫摩尼。它本是拜火教即袄教之另一支，与拜火教教义有类似之处，也同出于波斯。但两教势同水火。后来摩尼被拜火教逮到了，拜火教将其杀死后将其皮剥下来，装满稻草吊在城门上，非常残酷。正因为这样，摩尼教徒四散逃亡，从波斯逃到中国。它进入中国新疆地区时，得到回鹘国的优遇，成了回鹘的国教，从而进入中土，在中国发展还不错。但因武宗灭佛，在唐代晚期受到波及，又受佛、道排斥，慢慢便隐姓埋名，把自己化装成道教或佛教，在中国形成了穿白衣、吃素、不剃头、拜摩尼的形态。佛教批评他们是"吃菜事魔"，简称魔教。

这几种宗教，后来慢慢融合，又形成了很多复杂的教派，在明清之际越演越烈，且都有不小的影响。如罗清所创的罗教，后来大运河漕运系统的漕帮，所有帮众都是罗教的。养生送死都通过这个教。漕帮就是俗谓的"青帮"。另外还有洪门、天地会等，从事反清复明的活动。

而这些社、会与文学的关系又是怎样呢？这些宗教在传教的过程中都大量地仰赖文学作品。弹词宝卷，在明清是这些团体宣教的最主要的工具，利用弹词、歌谣、宝卷、小说、戏曲来传教。文学作品跟这些秘密社会关系是很复杂的。

此外，在清代中叶以后，还出现了一种儒家式的善堂，即儒生的结社。鼓励大家做善事，改善风俗，戒烟、禁赌、禁娼等等，目的是端正风俗。善堂，大概在清朝嘉庆以后，就发展为一场社会运动。

有一年，我在马来西亚槟城街上走，看到了一个“警顽社”的门匾，心中一动，便闯进去看。进去一看，果然墙上就写着社约。“警顽”是说老百姓冥顽不灵，我们也要教化他们。墙上还有许多书，竟是民国二十几年商务印书馆的全套《万有文库》，连书架子都是当年的。看得我感慨万千，想不到在内地几乎绝迹了的善堂，居然还可见诸马来西亚。

善堂不只是劝善，也编很多善书与宝卷，还作宣讲。在台湾，甚至还发展出一种宗教，叫儒宗神教。善堂于清朝末年就出了一本很有趣的游记，叫《洞冥记》。讲的是一个人元神出窍，跟着神，譬如济公等人去游历天堂、地狱等。这种书从清末就开始在云南等地流传，后来在台湾很盛。台湾有一套销售量惊人的书，叫《天堂游记》和《地狱游记》。听起来很荒唐，却被当作善书，很多人乐意传播。这一类也是文学作品，如要研究民俗文学、民间文化，这一批材料是非常有趣的。如果朝这个方向再找一些材料来看，结合弹词、宝卷，就能超越郑振铎先生所谈的俗文学框架了。

爱谈狐仙鬼怪的儒家

一

谈国学的，老喜欢高抬清朝乾嘉，以其经史考据及语言文字训诂为门径，视为正宗。讲科学方法的，也喜欢乾嘉，说是实事求是，具科学方法及理性精神。

此皆不甚读书之过也！

乾嘉诸儒固然以考据为号召，但亦不过如汉代王充那般，大谈祥瑞，而信鬼神，谓命皆前定，且云凤凰麒麟皆真有。这和科学精神、实事求是，根本是两码事。考证经史，也不是这批学者精神状态的全貌。

讲考据经史的先生们，可能不太读《阅微草堂笔记》《子不语》《秋坪新语》《秋灯随录》《夜灯丛录》一类书。若看看，或稍微想想“为何总纂《四库》的纪晓岚，对乾嘉学风大有功劳，而竟无什么经史考证之作，平生著述，反而只是谈狐说鬼的《阅微草堂笔记》”这一类的问题，便可突破一个刻板印象，发现猎奇述异、谈狐说鬼，在当时士大夫之间才是普遍和重要的。

《阅微草堂笔记》中记载戴震、钱大昕、余萧客、任大椿、邵二云、朱彝尊等人谈狐、说鬼、玩扶乩，甚或遇鬼的事，据我所知，就没有任何人在研究他们或为他们作传记时提到过。

其实这类事足以观性行、知癖好，与其知识结构和取向更有密切之关系，不容忽略。这些人与章太炎、胡适、鲁迅之不同，即此亦可略见。所以这是非常好的线索，可惜大家都忽略了。

当时还有《秋灯随笔》和袁枚《子不语》等，跟《阅微草堂笔记》形成庞大的互文现象，亦可以看出那个时代的风气及论述风格。

那风格是什么呢？就是：认真地说荒唐话。

这是中国稗史的传统。凡说鬼狐妖异，皆作史笔。事件发生的时、地、人证、物证，总要写得清清楚楚。若是得诸传闻，也必一一指明其来源，且表示可以覆按。六朝的志人志怪以迄唐人传奇，皆如是。

袁枚自谓其书乃续《夷坚志》史传式的写法。纪昀也同样说“不怀挟恩怨如《周秦行记》，不描摹才子佳人如《会真记》”，自居史部，不同于唐人传奇，甚为明显。

这种态度，与经史考据一样，讲究“无征不信”“多闻阙疑”“信以传信，疑以传疑”。其不同，只在所讲述的内容上，而非其方法。

就其方法与态度言之，此类怪谈，完全可视为是乾嘉经史文字考证的同盟军，或其一部分。这也是迄今仍无人注意到的。

像纪昀，学问淹贯，除了表现于编校《四库》外，主要即见于此。如卷九引某君言："秦人不死，信苻生之受诬；蜀老犹存，知葛亮之多枉。"然后自注云："四语乃刘知几《史通》之文。苻生事见《洛阳伽蓝记》，葛亮事见《魏书·毛修之传》。浦二田注《史通》以为未详，盖偶失考。"

卷十二又云："世传推命始于李虚中，其法用年月日而不用时，盖据昌黎所作虚中墓志也。其书《宋史·艺文志》著录，今已久佚，惟《永乐大典》载虚中《命书》三卷，尚为完帙。所说实兼论八字，非不用时……余撰《四库全书总目》，亦谓虚中推命不用时，尚沿旧说，今附著于此，以志余过。"

这样的话，遍及全书，不但态度与他修《四库总目提要》相同，许多地方甚至是对《提要》的修订或补充。

这类例子太多了，可惜无人为之掇拾。即如上举李虚中事，考证《四库总目》诸家，如余嘉锡、胡玉缙、崔富章、李裕民诸先生，就都不晓得，中华书局整理本亦未收，其他的更不用说了。

袁枚与纪昀一样。如《新齐谐》卷一"蒲州盐枭"条，说蒲州盐池为蚩尤所据，幸赖张飞显灵，才能制住，并制其妻，妻名枭。所以结论是说："始悟今所称盐枭，实始于此。"

卷二"天壳"条，说有人掉进地底，恃闭气术抵达极深处，发现地下还有一个天地世界，中间有壳隔开。故事讲完后，加上按语说："余按《淮南子》：温带之下，无血气之伦。日轮所近，即温带矣。"

又云一人逢水獭之妖，恐惧间，诵《秽迹金刚咒》，几不成语，

“但偶忆《本草》有熊食盐而死，獭饮酒而毙之语”，果然得以除妖。然后发议论说：“然则记览不嫌其杂，亦能救人。”

这些，都是用一个听起来有凭有据的故事，来“证明”古书上的记载果然有道理，古来相传的某些说法果然不谬。古书之记载与事件之间还常常成了互文印证的关系。

如此齐谐语怪，实与当日经史考据之风相同。甚且事文互证，比一般考据家只在文字堆里考来考去更符合实证精神。整个论说态度也是征实的，具体地用事例来解说文献之处，比比皆是。

或许仍有人对此不以为然，因为袁枚所释，都是些杂书，如《本草》《广博物志》《群芳谱》，即或引用《淮南子》《化书》，亦与当时考证家着重于经史者不同，故不能一例相量。

这正是今人论学之盲点。须知实证精神、考据方法，既是精神、既是方法，便可施于任何材料上，如胡适就用于考证章回小说、禅宗史、《水经注》。材料之不同，不足以判定他们就非一家眷属。《阅微草堂笔记》《新齐谐》这类书，成于乾嘉考证征实之风鼎盛的时代，事实上也表现着征实的态度，且具体诂释了不少文献，而后人知人论世，乃将其书与乾嘉考据割裂开来，视为异路，不予闻问，岂非今人之陋乎？

再说，袁枚岂只有杂学哉？《新齐谐》证史之处甚多。有些直接叫古人来降乩，自述心曲，如卷一九“史阁部降乩”条。有些是引史以论世，如卷一六“柳如是为厉”条，说柳氏成为厉鬼的故事，然后作考证云：或谓：柳氏为尚书殉节，死于正命，不应为厉。按《金史·蒲察琦传》：琦为御史，将死崔立之难，到家别母。母方昼寝，忽惊而醒。琦问："阿母何为？"母曰："适梦三人潜伏梁间，故惊醒。"琦跪曰："梁上人乃鬼也。儿欲殉节，意在悬梁，故彼鬼在上相候。母所见者即是也。"旋即缢死。可见忠义之鬼用引路替代，亦所不免。

卷二"董贤为神"条，又说："汝毋为班固所欺也。固作《哀皇帝本纪》，既言帝病痿，不能生子，又安能幸我耶？此自相矛盾语也。我当日君臣相得，与帝同卧起，事实有之。武帝时，卫、霍两将军亦有此宠，不得以安陵、龙阳见比。"也是藉神来纠正史传之讹。

这恰与论柳如是为厉者相反。那是引史证事，这些则是以事辨史，二者合起来，一样构成互文互证之关系。

而且我们不要忘了，袁枚整本书其实都是史述。里面到处都是某相国、某侍郎、某大司寇、某方伯、某孝廉、某布政司、某按察司、某太守、某大司马、某举人、某学士，有名有姓，且多当时人物，所举事证，宛若口供。此等写法，构成一种气氛，是足以与他引史证事或以事辨史相互濬发的。

二

如此述事，乃是认真地说荒唐话。讲起来煞有介事，引经据典，还有人证物证，可是说的却是鬼狐仙怪，满纸荒唐言。

如果说他的写作态度是实证的，这些鬼狐仙怪，是否也就征实可信了呢？由写作策略上说，袁枚无疑是希望如此的。他绝不会像唐人传奇，把里面人物取名为元无有、成自虚，点明了故事乃是杜撰。他的一切叙述，都要令人看起来就是征实可信的真事，虽其中有些可解，有些费猜，但基本上都是真的。

对于这些“真事”，我们该怎么看，便成一大难题。信其为真吗？明明是满纸荒唐言。不信吗？人家有凭有据，亲身涉历，我等焉能说皆无其事？幸而这并不会成为真正的困局。为什么？我们知道：袁枚和纪晓岚一样，除了治经史考据之外，他们还有些与当时那批考证学者不同之处，他们都是文人。文人就可能不完全征实。征实的态度，或许恰是文人故弄狡狯的写作策略。

何以见得？

卷一“汉高祖弑义帝”条，云某君卒而复苏，自谓前身乃九江王英布，且称“弑义帝，乃高祖使之，非项羽所使也。高祖阴弑义帝，嫁名项羽，而伪与诸侯讨弑义帝者。羽讼于上帝，须布为质。质明，果系为高祖所弑。陈平之出奇计，此其一也”。他讲的这个人，叫卢宪观，山东驿盐道。也许真有其人、真有其事。但这会不会是袁枚假托来讲他自己对楚汉史事的见解呢？我不知道。但有一事，我可确定它是杜撰的，那就是续集卷五“麒麟喊冤”条。

该条云吴人邱生从事考证，奉郑康成为圭臬，游学于楚，被虎衔去，入一石洞，逢仓颉，纵谈六经与注疏。

苍颉先是说古只有《诗》《书》《礼》《易》等，不称为经。

又说注疏穿凿附会，上干帝怒，谶纬乃妖言，郑玄注也颇荒谬：“天子冕旒用玉二百八十八片，天子之头几乎压死。夏祭地示，必服大裘，天子之身几乎暍死。只许每日一食，须劝再食，天子之腹几乎饿死。”还有一麒麟向上帝告状说郑玄注云郊天必用麒麟皮蒙鼓，岂非郊天一回必杀一麒麟？凡此等等，整篇三四千字，从汉儒批到宋儒，再批时文、诗文之风，洋洋洒洒。

纪昀也讲过好几个同类的故事，都是假借古圣人出面，反对汉宋学术。而其所以非实事，只是假托寓言，证据就在袁枚自己的文集里。试检其文集，便知苍颉对郑玄的指责、麒麟对郑玄的抱怨，其实正是袁枚自己的经学主张。在《新齐谐》中，他只不过换了个方式来说罢了。

卷二二另说一狐所谈皆心性语录、所读皆是《黄庭》《道德》。评论说：“此狐乃真理学也，世有口谈理学而身作巧宦者，其愧狐远矣。”这类故事，我也均认为是寓言。嘲世之好讲道学者，说连鬼都怕讲考据的人。

这样的写作策略，弥漫全书。换言之，故事看来是真，事件可不见得真。此等狡狯，不懂文学的人可能要为之怪诧，可是在文学中实是稀松平常。李商隐诗：“楚雨含情皆有托。”巫山云雨、登徒子好色，皆属寓言。即如李商隐自己的《锦瑟》《无题》，他自己也说：“丛台妙伎，南国妖姬，事虽有涉于篇什，身实不接于风流。”

三

事件或真或假，并不要紧，重要的是当时人大抵皆视其为真。撇开那些寄寓假托不谈，袁枚、纪昀书中记载了不少名公巨卿的事迹。这一部分，因时人之门生故吏众多，杜撰情节的可能性较小，故更能见风气。

其风气便是既讲经史考证，又好谈狐说鬼，端严与恢诡，杂然并存。例如江永是大考据家，戴震的老师，而好奇嗜怪：

> 能制奇器。取猪尿脬置黄豆，以气吹满，而缚其口，豆浮正中。益信“地如鸡子黄”之说。有愿为弟子者，便令先对此脬坐视七日，不厌不倦，方可教也。家中耕田，悉用木牛。行城外，骑一木驴，不食不鸣。人以为妖，笑曰：“此武侯成法，不过中用机关耳，非妖也。”置一竹筒，中用玻璃为盖，有钥开之。开则向筒说数千言，言毕即闭。传千里内，人开筒侧听，其音宛在，如面谈也。过千里，则音渐渐散不全矣。忽一日自投于水，乡人惊救之，半溺而起，大恨曰：吾今而知数之难逃也……此其弟子戴震为余言。(《子不语》卷一三“江秀才寄话”)

地如鸡子黄，是古之“浑天说”，江永信此说，而取验于猪尿脬，已令人啼笑皆非。收学生，还要命他们如王阳明格竹子一般去瞪着猪尿脬看七天，更是古怪，看来比格竹子还要荒唐。不知戴震格过此猪尿脬否。

但此公颇有技术天才，所做木牛流马，似有成效。千里寄话器，仿佛也不比现在的录音带逊色。这种寄话器，应是确曾制出，且也不只江永曾经制成。续集记载程嘉荫由羽士处获习《奇器录》一本，能为木牛，“亦能造寄语筒，筒间寸许，有闸隔之，内有机闭气，人向筒语，毕则闸之，闸有次第，若乱开，则不成句矣。据程云：此法可贮百日，过百日则机微气散”。

我推测江永的办法也是由道士那里得来。当时儒者，考经研史，而与道流相亲近者，为例不鲜。程嘉荫外，惠栋注解《太上感应篇》、仇兆鳌注解《参同契》，均甚著名，江永殆亦如此。

而且不管其是否果然如是，江永之好奇多怪，乃是极明显的。千里寄语器和木牛流马，在此亦皆不是科学，而是道术。

毛西河也差不多。此公性气之奇，辄见于诸家笔记，袁枚也录了一事，谓浙人方文木浮海至毗骞国，见大头王。王说天地关辟以后，十二万年便有一盘古，世界就重来一遍。可是每次重开世界以后，仍照着第一次的情况，只是重演一次，依样奉行，丝毫不许变动，故“世人终日忙忙急急，正如木偶傀儡，暗中有为之牵丝者。成败巧拙，久已前定，人自不知耳”。归来，以此语毛西河，毛氏说：“人但知万事前定，而不知所以前定之故，今得是说，方始豁然。”

这是彻底的定命论，妄谬殊甚。我就不知其何以“豁然”，依我看是问题多多的。而毛西河竟深信之，且信人被风吹至毗骞国之事。非素性好奇，故人以此投之乎？

文字学家桂馥也是个好奇的人，《子不语》卷二〇“鼠胆两头”条言：“桂未谷广文，精篆隶之学，藏碑板文字甚多。每夜被鼠咬破，心恶之，设法擒鼠。以为鼠胆汁可以治聋，乃生剥之。果得一胆，如蚕大，两处有头，蠕蠕行动。鼠死半日，胆尚活也。”此事之奇，不在鼠胆奇怪，而在于他会想到用鼠胆以治耳聋，而且去生剥老鼠。今之治文字学者，大抵就不会想到去干这种事。

当时汉学复兴，与四库开馆有密切的关系。建议乾隆开四库馆的是朱筠。朱筠就相信自己是武夷君临凡。续集卷一“武夷君”条云：朱氏“督学安徽，梦上帝召复武夷君位。先生以文集未成泣辞，帝许之。醒而述其事于贵池令林梦鲤。闻者共异之，后视学闽中，谒武夷君庙。庙内设施位置，与梦中一一吻合，心益异焉。任满复命，无疾而终”。

当时学人，又常见妖怪。如费密，卷一一“奇鬼眼生背上”条，云其与杨展将军去四川时，某夜与杨及其副将住一楼上，夜遇怪，背有一眼放光。

又，卷一“胡求为鬼球”条，载方苞在武英殿修书时，其仆胡求夜被鬼抬到后院。东边一神，红袍乌纱，把他踢得滚到西边；西边一神，又把他踢到东边。

厉鹗，卷一五“鹤静先生”条，则谓“厉樊榭未第时，与周穆门诸人好请乩仙”。

赵翼也是喜欢扶乩的，续集卷四“乩仙灵蠢不同或倩人捉刀”条云“赵云松在京师，烦乡人王殿邦孝廉请仙”即是一例。

蒋士铨更奇。未中进士前，梦入阴司，说是某冥官已奏明玉帝，以蒋为代。醒而大惊。友人教他礼拜北斗，并诵大悲咒，终于得免。见卷九“蒋太史”条。后来蒋修《南昌府志》，夜梦一段将军来拜，说其头不应该白白被砍。乃为查考其事，补入《忠义传》内。见卷一二“吾头岂白斫者”条。又，蒋在蕺山书院教书时，扶乩，关帝下降，告诉他七月间山阴有大灾，教他避劫，届时果然飞沙走石，两龙斗于空中，墙倾树倒，居民死者万人。见卷二〇“山阴风灾”条。

这些时人好异尚奇，乃至扶乩、礼斗、符咒、见怪、信鬼、讲定命的记载，恰好让我们看清了乾嘉考据学风流行的那个时代到底是个什么样。《阅微草堂笔记》卷一四说：“己卯典试山西时，陶序东以乐平令充同考官。卷未入时，共闲话仙鬼事。”逮着了一丁点儿闲暇，就要说鬼，这不就是那个时代的特征吗?

我们不能说他们治经史考证，有理性精神，敢于疑古，具实事求是之态度是假的。但起码这些均与他们同时也相信鬼狐仙怪是并存的。一方面端严正经地讲经学，谈圣贤大道理；一方面也同时奉佛老、谈因果、讲鬼狐、说异闻。

必须是要在这样环境中，像《阅微草堂笔记》《新齐谐》这样的书才能堂堂皇皇的写作，完全不忤时会。稍早的《聊斋》，之所以流行于此一时代，亦拜此风气之赐，其他时代便不易有此大规模谈狐说鬼之现象。纵或有之，例如洪迈写《夷坚志》的南宋，讲鬼怪故事的人和讲圣贤学问的学者乃是分裂的两个群体，不像乾嘉时期，完全浃合为一。

我旧曾考证罗聘与翁方纲的交谊。谓罗聘在京，系以翁方纲为其交游中心。因翁的关系，罗和中朝名士颇多交往，其中不乏经学家，故为毕沅作《豳风图卷》、摹郑玄像，为孙星衍作《仓史造字图》《伏生授经图》，为桂馥作《说文统系之图》等等。

画家当然很多，但罗聘的特别处，在于他能视鬼，所作且以鬼趣图为最著名。他在京师，日与人画鬼、说鬼，并自谓见鬼，而竟能博得这些人的喜爱与敬重，一时风气如何，即不难想见。

袁枚也提到过罗聘能见鬼的事，见《子不语》卷一四“鬼怕冷淡”“鬼避人如人避烟”诸条。纪昀则说：“胡中丞太初、罗山人两峰，皆能视鬼。恒阁学兰台亦能见之，但不能常见耳。”可见那时不少人是能活见鬼的。

四

在一个讲经学而其实颇杂于鬼怪奇谈的时代，其思想也必是混杂的。儒家固然是主流，但与鬼狐相关的佛道思想势必间杂于其中。

对于这样的混杂，我们该如何看?

第一个问题，是理性与宗教性思想间的关系。乾嘉时期的经学考证、文字训诂，依近代人之理解，乃是一种实证精神、理性态度和科学方法。可是如上文所述，当时弥漫于士大夫间的，其实是谈狐说鬼、讲因果报应的混杂型世俗信仰形态。士大夫不仅好奇尚异，甚且常用征实的方法来论证鬼神实有、报应不虚。讲起术法，亦头头是道，尤热衷于扶乩。这是杂然并存矛与盾，显得十分不协调。

但不协调也许是我们现代人才有的感觉。现代思想之一大特征就是对科学理性的强调，认为现代社会即是理性精神萌发，“解除世界魔咒”，破除了世人对宗教的迷信才出现的。启蒙运动、政教分离、宗教时代结束之后，乃有现代社会。故科学世界观与宗教世界观在根本上是不相容的。由于我们有了这样的观念，所以才觉得乾嘉时人怪。

可是理性与宗教并存也许才是常态。古希腊时期苏格拉底、柏拉图、亚里士多德的时代，谈逻辑、说理性，而同时也信仰着他们的神。中世纪欧洲神学，以柏拉图的“理念”、亚里士多德的“第一因”去论证上帝存在，更是以理性诠释着信仰。理性不但服务于宗教目的，理性本身也在神的指引之下才能运作，故人的理性之上更有神的启示理性（revealedreason）。到康德，则区分实践理性与纯粹理性，在实践理性领域，上帝存在亦仍是道德实践的保证。凡此等等，均显示了理性与信仰并存或交互为用的非现代景观。

即便在现代社会，脱离了现代主义意识形态，真正存在着的现当代社会，情况也是如此。越是被认为科学性强的，如数学、统计、物理、生命科学之学者专家，宗教信仰与宗教态度越强。越是“科学性”少或可疑的学科，其学者越不信宗教。而民众呢?

因此，一个具实证主义科学精神的乾嘉，乃是由现代意识制造出来的。还原到当时人真实的生活世界中去，恐非全貌。就算有，也只是半面金刚。它另一面，乃是谈狐说鬼的。要把两者拼合且予以有机地、动态地看，才可以了解那个时代。

第二个问题，是谈狐说鬼的伦理意涵。如前所述，许多时代都是理性与宗教并存的；可是时代不同，其并存之意义也就不同。苏格拉底认为“神谕要他借询问别人来考察自己”，他感受到了神的召唤，要他在人间履行神圣的职责。在他看来，通过积累知识来实现美德乃是一种发自人性内部的宗教要求。清朝纪昀、袁枚这些人自然不会如此认为。那么，他们讲鬼狐、说阴骘、谈果报、述奇迹，所为何来？

我们试考察一下清代《弟子规》《增广昔时贤文》等书，即可发现它们整体上呈现为一种世俗儒家伦理（vulgar Confucianism）。那里既有对子弟要求其克制、节约、勤勉、惜时、孝悌之类劝诫，亦弥漫了劝善的言论。而教人行善的特征，就是把它跟报应联系起来。同时，命定思想也极普遍，如“命里有时终须有，命里无时莫强求。万事不由人计较，一身都是命安排”“百年还在命，半点不由人”。好人好报及命定，则又往往表现在功利与成就上。

这种世俗化的儒家，由来已久，汉代王充已是如此。谈定命、论穷通，以功利成就为命运好恶之征。但那时还没有佛教思想。唐代各种启蒙书便开始以果报来联系穷通善恶了，宋代的《三字经》《阴骘文》《太上感应篇》，更是以果报劝善，以定命劝世，以富贵寿考来耸动人。整个世俗化儒家的教化系统及形态，大抵即定于此时。明清之善书、蒙书，在细节及技术上略有变化，例如明末的“功过格”，但思想并未超越或突破此一格局。因此世俗化的儒家伦理，未必系因明代后期儒学发展而然。可是由明清间广泛流行的这些世俗儒家伦理著作，恰好可以让我们体会到袁枚《新齐谐》、纪昀《阅微草堂笔记》一类书的写作语境。

就像惠栋以经学大师身份去注解《太上感应篇》，他的发言位置及自我意识，此时并不是精英式的知识分子，而是和一般老百姓一样，拥有共同的伦理态度。袁枚、纪晓岚在书中大谈鬼神狐怪、因果报应，也是如此。

第三就是前文说过的，他们书中所记载的，固然也不乏市井人士，然而主要是缙绅士大夫与官僚。于是该书所显示的意义就是：当时精英士大夫阶层非但与市民共同拥有一个伦理世界，他们甚且更是这套伦理观的主要推动者，自觉地担负着推广它的责任。因而士大夫既信之，又传述之，形态上很像是传教士，所写的那些书遂都像是善书，自以为可发挥“教化”之功。

这套伦理观，在哲学上十分混乱，儒道佛混杂；也不深刻，如定命观之类，多经不起哲学理论之推敲。而且劝善惩恶，托迹于鬼神，竟是神道设教而却把自己给先哄住了，使得一时之间士大夫扶乩说鬼、好奇尚异，大成风气。然而亦正因为如此，它才是真正世俗的。士大夫与世俗社会人没什么“大传统”“小传统”之分，同享一个传统。

由这里看，我们就越来越会觉得：经学考据，只是这些士大夫作为知识人的一种专业知识，与诗人谈诗之格律、词人考词之调谱、玩古董的人考金石碑帖相似。但凡是专业知识，都只是一偏的技艺，且与身心价值取向无甚关系。当时士大夫在整体生活及伦理价值上，又不可能归向宋明理学，于是趋于世俗儒家伦理，便成了十分自然的事。

第四个问题，可是世俗儒家伦理，自来却已与文学形成一种特殊的关系。文人志怪，渊源甚古，志怪而杂以幽明之理、果报之谈，更是在南北朝唐宋间就已蔚为传统。后世有志宣扬鬼神果报思想者，亦皆假途于笔记志怪，包括《阴骘文》《感应篇》均是如此。世俗儒家伦理，所存在的载体，就是这些因果报应、鬼神福佑故事，及劝诫歌谣、格言隽语等等，而不再是经书、注疏、古文、讲章、语录那些东西。民间有时也会把这些故事另行敷衍成小说，或拼合歌谣格言，配上音乐，编成戏曲，又或制为宝卷、弹词。总之，民众是由享用文学中去获得伦理教化的。

在此特殊情境下，鬼狐仙怪便都有个基本特征，那就是具有文学性。这是它绝异于现代或西方之处。

试看这些文字，无论是王渔洋、蒲松龄，还是纪晓岚、袁枚写的，鬼狐都会作诗，某些还擅长论诗，见解不俗。乩仙降乩也要作诗。梦中至某处，该处必常有诗歌或对联；逢某仙，某仙亦辄能唱和。占命卜运，天机多藏在诗里。短寿而去，又往往是奉召上天作文章。这并不是由于古代的鬼比较风雅，或是因为这些作者均是文学家，实乃叙事传统使然。

也就是说，在乾嘉，经学考据其实只是一部分士大夫的专门技艺，殊不足以见其整体人格与精神状态。当时的整个士大夫阶层，实与老百姓共享着一套世俗伦理。这一套伦理内涵是以儒家为基底的三教混合形态，可是表现方式却常是文学的。文人志怪以言果报，即其中最主要的一支。因此，这些文人所描绘的具文学性之鬼狐仙怪世界，遂也是包括经学家在内的士大夫每日的优游藏息之处了。然，此非仅知乾嘉经学考据者所能知也。

海洋文化的圣与俗

一

近代人常把海洋文化和大陆文化对比起来看。但这样看，对海洋文化是看不清的，因为会忽略掉海洋文化另一个重要面向。

这种对比观念中所谓海洋文化，乃是以欧洲大航海殖民所形成之霸权为模型的，船坚炮利，显示的价值即是“富”与“强”。讲来讲去，无非羡人之富强、嗟我之衰迟而已。但富强只是世俗性的价值，海洋文化之价值与意义却还有另一面，那就是它具有的神圣性。

海对人来说，它首先或最重要的意义可能也即在于它的神圣性。古人祭天、祭地、祭日月山川以及大海，视之为神，故均祀其神以供之。《史记·封禅书》：“而雍有日、月、参、辰、南北斗、荧惑、太白、岁星、填星、辰星、二十八宿、风伯、雨师、四海、九臣、十四臣、诸布、诸严、诸逑之属，百有余庙。”即指其事。

四海神名，据《山海经·大荒东经》说是：“东海之渚中，有神，人面鸟身，珥两黄蛇，践两黄蛇，名曰禺虢。黄帝生禺虢，禺虢生禺京。禺京处北海，禺虢处东海，是惟海神。”《大荒南经》：“南海渚中，有神，人面，珥两青蛇，践两青蛇，曰不廷胡余。”《大荒西经》：“西海渚中，有神，人面鸟身，珥两青蛇，践两赤蛇，名曰弇兹。”但后来所说海神又有不同，乃是《太公金匮》说的：“南海之神曰祝融，东海之神曰勾芒，北海之神曰玄冥，西海之神曰蓐收。”

早期是四海海神，后来就说是四海龙王。这是受佛教的影响。佛教以龙为佛之护法，故艳称龙王，如《华严经》说：“有无量诸大龙王，所谓毗楼博叉龙王、婆竭罗龙王、云音妙幢龙王……如是等而为上首，其数无量，莫不勤力，兴云布雨，令诸众生热恼消灭。”后来我们把这么多龙王简化为四海龙王了。

其实祝融、勾芒、蓐收、玄冥及龙王等都只是个代表，代表海本身就是神圣的，就须奉祀。

目前东海神庙位于山东莱州城西北，宋太祖开宝六年（973）建。南海神庙又称波罗庙，在广州黄埔，韩愈有《南海神广利王庙碑》。北海神庙全称济渎北海庙，位于河南省济源市。西海神庙则在青海湖。此外还有许多，如浙江海宁盐官海神庙、秦皇岛海神庙（始建于明初，在老龙头西边）、大沽海神庙（顺治六年建）。

但海的神圣义不仅止于此。它还有一些可称为“海上神”的。

神居海上，如普陀山的南海观音就是。早期燕齐方士去海上三山，方壶、蓬瀛、圆峤，神灵居之，亦属此类。

中国有两个大神山体系，一在西北的昆仑山，一就在东海南海。

可是海上的也称为昆仑，如唐人小说《昆仑奴》讲的就不是西北的胡人，而是南海爪哇一带的小黑人。张籍诗《昆仑儿》："昆仑家住海中洲，蛮客将来汉地游。"即指此。吴万震《南州异物志》、竺芝《扶南记》、唐义净《大唐西域求法高僧传》诸书并有载。东方朔《十洲记》曰："昆仑在西海之戌地、北海之亥地，去岸十三万里，又有弱水周围绕匝。"显然也是在海上。越南南部湄公河口外也有岛名昆仑，《岛夷志略》《星槎胜览》《郑和航海图》上都载有此岛，岛名当亦是华人所定，所依据的就是海上昆仑的传说观念。秦始皇、汉武帝求仙，主要即针对这个海上仙系，而非西去西域。秦皇汉武以后，海上神仙仍迭有新增，如观音、麻姑、妈祖、八仙等等都是。

早期的海上神，是本来就居住在海上的。后期的海上神，则可能如八仙，原先并不居海上，只是渡海；或如麻姑，本山供奉在江西的抚州，但亦常来东海观海，故曾多次见到东海清浅、沧海桑田。

还有一类，乃是人而因其对海洋事业有功遂被尊奉为神的，如伍子胥、妈祖即是。包括对海上神灵念念不忘的秦始皇，山东都还供之为神呢。其中最重要的，当然是妈祖。

海本身就神、神居海上、人能事海，故以为神，是三种不同的情况，但整体显示了海的神圣性。人只要亲近它，就都能获得保佑、解脱或超越。故历来人们或诣海上三山找长生不死药；或泛海上普陀朝圣，求观音菩萨随声救苦；或往祈天后宫，冀保平安。形式不一，原理相通：大海是生命的来源，真理的藏所、幸福的管钥，通过它，人也可以获得神圣性。

二

所以这才衍生“入海求法”的行动。秦汉时期入海求药，属于这个行动的前期，求药，也求仙方、求仙人。接着就是中期，渡海去印度求佛法。第三期则是近世的出洋留学潮，方今未已。

相对的就是“真理从海上来”，伊斯兰教、佛教、摩尼教、基督教亦大规模随海舶以入中土。

秦汉时期的入海求法活动，直接启生了道教。许多人都以为道教就是老庄道家思想的发展，其实不是。许多道派均不奉老子，道教讲庄子更要迟到唐代才开始。故道教之形成别有渊源，其中最重要的渊源即为海上这一脉。燕齐方士及汉代所谓方仙道，均属此一脉络；东汉之太平道、天师道即本此脉络而形成为制度化宗教。陈寅恪先生论六朝道教时有一名文曰《天师道与滨海地域之关系》，讲的就是这一脉络。

天师道，现今一般均指张道陵、张修、张鲁在四川的传承，可是汉代出于琅琊的《太平经》就有天师和天师道的说法，张角起事也自称天师，连张道陵本来也是徐州一带的人，后来才流寓蜀中，故可知天师道应有其早期滨海的渊源。尔后晋王羲之家族之奉道，可能亦正如陈先生所考定，是本于他们山东琅琊的传统。这个传统径称为天师道或有争议，但道教起源，有此海上渊源是无疑的。

佛教，则一般人都说汉明帝时传入，可是《拾遗记》卷四载：燕昭王七年，“沐胥之国来朝，则申毒国之一名也。有道术人名尸罗，问其年，云百三十岁。荷锡持瓶，云发其国五年乃至燕都。善炫惑之术，于其指端出浮屠十层，高三尺，乃诸天神仙，巧丽特绝。人皆长五六分，列幢盖鼓舞，绕塔而行”。这名道人不是佛教徒，他能以神通变幻出十层塔及小人歌舞，当是古印度的“幻人”一类。

此一记载即显示了燕齐那时的海上方士可能还有海外渊源，或许有部分真自海外来，故有中原未见的方术、药物、伎俩，被人称奇。

另外，连云港孔望山造像刻石，有学者考证谓是汉桓灵时的佛教雕刻，内容包括佛、菩萨弟子、力士、供养人以及释迦牟尼佛本生本行故事，另也有道教崇拜内容。此说也颇为佛教由海上来张目。

历来主张佛教未必始由西域传来者甚多，如梁启超、日本镰田茂雄都是。梁任公曰：“向来史家为汉明帝求法所束缚，总以佛教先盛于北，谓自康僧会入吴，乃为江南有佛教之始。其北方输入所取途，则西域陆路也。以汉代与月氏、罽宾交通之迹考之，吾固不敢谓此方面之灌输绝无影响，但举要言之，则佛教之来非由陆路而由海，其最初根据地不在京洛而在江淮。”（《佛教之初输入》）

我看过连云港石刻，不敢说那一定就是汉代的东西，但我认同梁启超的判断。佛入中土，绝不止陆路一途，海路甚且有可能比陆路更早。但由海路来，影响仅在滨海地区。中原皇家知道有佛，仍赖明帝一梦。故金人入梦、白马西来，与海路另有佛缘并不矛盾。

由印度到中国这条海运之路，那时也早已畅通，故此时佛教由海上传来亦不成问题。这里有个有趣的旁证或插曲可说。

2008 年 2 月 17 日，韩国成均馆大学历史系宣布，已找出佛教起源的真相：原来释迦牟尼是韩国人。原因是据考证古朝鲜人已能航行至印度孟加拉国，所以孟加拉国发现了大量公元前 600 年至公元前 500 年的朝鲜风格器物。而释迦牟尼是北印度人，不属雅利安血统。他们考察尼泊尔释迦族聚居遗址，认为其生活带有明显东亚色彩。原始佛经中也有古朝鲜字转化的外来字，故推论释迦牟尼具有韩国血统。

这种考证，当然只是一则笑话，但其立说之凭借，正是海道早通之事实。朝鲜人由此海路去印度、尼泊尔播种诞育出了佛陀，虽不太可能；汉代中期印度僧人由此海道来华弘法，却大有可能。何况《拾遗记》还记载了更早的燕昭王时期印度幻人早已到过中国了呢！

佛教传入中土以后，陆续来华者为三夷教（祆教、摩尼教、景教）。来华途径，过去也与佛教相同，认为都由西域陆路来。但目前至少已可确定摩尼教也有海上传来的。《闽书·方域志》载："有呼录法师者，来入福唐，授侣三山，游方泉郡，卒葬郡北山下。"可见唐末泉州已有摩尼教徒，其后流布到浙江、安徽、江西等处。宋方腊起事、元末朱元璋起事，均有此渊源，至今泉州仍有若干摩尼教遗址与文物，足以证明它由海上传来的史实。

景教为基督教之一支。这一支后来在中国衰亡了，但并不表示基督教在中国即无传播。泉州发现过一方西蒙僧官墓碑，碑面右边有两行叙利亚字母拼写的突厥语，左边有两行汉字云："管领江南诸路明教、秦教等，也里可温、马里、失里门、阿必思古巴、马里哈昔牙。皇庆二年，岁在癸丑八月十五日，帖迷答、扫马等泣血谨志。"表明墓主西蒙主要是一位基督教聂思脱里派教徒，亦即失里门，但他获得朝廷赋予他兼管明教的权力。秦教，当指一切由大秦欧洲传来之宗教，例如景教在唐代便称为大秦景教。至于也里可温，在元代亦泛指基督教徒。此碑足以证明当时泉州已有不少基督教徒，故政府设教区以为管理。

明代以后，基督教大举来华，海路渐渐取代了陆路，是大家都知道的，就不必多做介绍了。

伊斯兰教入华，和上述诸教相反。那些教都是海陆并进，但一般认为是先陆后海或陆主海从。伊斯兰教却相反，先只由海上来；元明以后才渐由陆路来，最后陆路似乎压过了海路，与基督教正好相反。

三

佛教、摩尼教、基督教、伊斯兰教之传入，主要当然是神圣性的，想将他们认为是神圣性的教义福音宣扬于我，令我闻之解脱，超越尘俗。但圣与俗并不能截然两分，海洋文化本身就同时蕴涵了这种双重性：由海上来的，不只是福音或神灵，也是财富。

早期僧人去南海求法，往往附商舶以行。由中国到印度这条航线，不但是佛教传播之路，事实上也是一条珠宝和香料之路。

当时欧洲人与亚洲交易的香料，主要是降真香、檀香、沉香、胡椒、槟榔、乳香、龙涎香等。功能还不是化妆，而是防腐和作调味品，其贵重程度只有黄金可以比拟。

印度尼西亚群岛的香料，被采集后，由穆斯林商人买下，运到马六甲，沿印度海岸运到霍尔木兹或亚丁，再由埃及的驼队穿越沙漠，运到尼罗河口。等候在这里的威尼斯商人，再用商船将香料运过地中海。埃及每年由于香料过境而收取的税收高达数十万杜卡。于是在印度不到 3 杜卡的胡椒，在开罗涨到 68 杜卡。到了威尼斯，价格更是印度的 50 倍。那时一磅姜可以买一只羊，一磅肉豆蔻相当于三只羊或半头牛，而珍贵胡椒通常是一颗颗地数着卖。人们可以用胡椒买田置业、作嫁妆、充当货币来交税交租，还可用作对将士的奖赏。

香料也勾起了欧洲人对东方的无穷想象，所有豪华、文雅和贵重的事物，都和印度、中国联系起来。这种想象也直接促动了他们对航海的探索。

香料海舶来华，性质与去欧洲是不同的，主要作为养颜美容，如口脂、面脂、手膏、澡豆、香露、香粉等。此外就是真正的香料，例如熏香、烧香、捻香等。种类包括檀香、龙脑香、乳香、没药、胡椒、丁香、沉香、木香、安息香、苏合香等。贵族官宦有钱人家妇女、妓女们对香料的消费很多，唐人诗“金钏越溪女，罗衣胡粉香”或“都中名姬楚莲香者，国色无双。时贵门子弟争相诣之。莲香每出处之间，则蜂蝶相随，盖慕其香也”之类记载，即指此。跟现代人用香水是一样的。

珠宝，则《梁书·海南诸国传》总叙已说：丹丹国来献方物数十种。丹丹国，似即今马来吉兰丹地。大通二年（530）遣使奉牙像及塔各二躯，并献火齐珠、吉贝、离香药等。大同元年（535）又遣使献金银、琉璃、宝香、药物等。可见那时中国人就有南洋多宝物的观念，珍珠尤贵重，常作为贡品。《新唐书·师子国传》曰：“师子，居西南海中，延袤二千余里，有棱伽山多奇宝，以宝置洲上……天宝初，王尸罗迷迦再遣使献大珠、钿金、宝璎、象齿、白氎。”即其一例。

后来，比南洋珠宝更神奇的是波斯的，唐代即有不少胡人识宝的传说，如《广异记》径寸珠故事中的波斯胡人、南海大蟹故事中的波斯，《集异记》李勉故事中的波斯胡老，《独异志》李灌故事中的病波斯等。有些故事主人公虽未必是波斯，但故事发生地却是长安、广州等城市的波斯邸、波斯店，如《续玄怪录》中的杜子春、《传奇》中的崔炜、《逸史》中的卢李二生等等。

相关的宝物甚多，其中出现次数最多的，当数奇异的珍珠，如径寸珠、阳燧珠等。这些珍珠往往价当百万。如《广异记》说：“近世有波斯胡人，至扶风逆旅，见方石在主人门外，盘桓数日，主人问其故，胡云：我欲石捣帛。因以钱二千求买。主人得钱甚悦，以石与之。胡载石出，对众剖得径寸珠一枚。以刀破臂腋，藏其内，便还本国。随船泛海，行十余日，船忽欲没。舟人知是海神求宝，乃遍索之，无宝与神，因欲溺胡。胡惧，剖腋取珠。舟人祝云：若求此珠，当有所领。海神便出一手，甚大多毛，捧珠而去。"

这些珠价值百万，甚至惊动海神，是真的吗？是的，我国史籍中所记波斯国，正是以出产珍珠闻名。《魏书·西域传》已说波斯国"多大真珠"，其王"饰以真珠宝物"，《周书》《隋书》也有相似记载。《旧唐书·西戎传》且明确记录了波斯国所献方物中有珍珠："自开元十年至天宝六载，凡十遣使来朝，并献方物。……九年四月，献火毛绣舞筵、长毛秀舞筵、无孔真珠。……大历六年，遣使来朝，献真珠等。"由此可见，珍珠一直是波斯进献的贡物。开元、天宝之时，统治波斯长达四百多年的萨珊王朝已为大食所灭，但有关波斯遣使朝贡的记载仍不绝于史，这些波斯使臣，半是亡国后仍活跃于丝路上的萨珊遗民。

在波斯，珠宝业与香药业、酿酒业一样，属于最古老的行业，其始祖可以追溯到神话传说中的帝王贾姆希德（Jamshīd）。

因伊朗高原西部的波斯湾，是著名的珍珠产地，早期穆斯林地理文献对此多有记载。成书于9—10世纪的《中国印度见闻录》记载了巴林海岸的大珍珠，《世界境域志》（作于982年）则指出法尔斯（Fārs）"海中有一珍珠海岸"。法尔斯是波斯帝国的政治与文化中心。民间还认为珍珠是"早春时节，雨滴降落，蚌从海底浮至水面承接雨滴，雨滴落入蚌心，于蚌腹中汲取天赐之精华，孕育成珠”。11世纪波斯诗人纳赛尔·霍斯鲁（Nāsir Khusraw Qubādiyānī，1004—1088）的诗句“馥麝香囊本由血块凝成，清水珍珠原是雨珠一滴”就是这种认识的典型。而13世纪大诗人萨迪（Sa'dī Shīrāzī，1208—1291）所吟“我渴望像蚌贝一样育出珍珠，只因你爱的云朵在我口中洒下了雨滴”，更是借雨滴幻化成珍珠来表达爱情。

他们还有为数众多的珠宝著作。公元8—19世纪间，竟有三十几部波斯—阿拉伯语鉴宝著作问世，其中成书时间较早、影响也最大的是花剌子模的比鲁尼（Abū Rayhān Bīrūnī，973—1048）《珠宝录》（Al-Jamāhir fī-al-Javāhir）。14世纪以后，以《珠宝书》（Javāhir-nāma）命名的波斯珠宝著作更多，如Ghiyās al-Dīn Mansūr Dashtakī《苏丹的珠宝书》（Javāhir-nāma-i Sultānī，1481）、Zīnal-Dīn Muhammad Jāmī《珠宝书》（Javāhir-nāma，15世纪）、Muhammad b. Ashraf Husaynī《吉祥珠宝书》（Javāhir-nāma-i Humāyūnī，1528）、Shāh Mubārak b. Mubārakshāh Qazvīnī《珠宝书》（Javāhir-nāma，16世纪）、Rashīd Abāsī《韵体珠宝书》（Javāhir-nāma-i Manzūm）等。

相较之下，中国人欣赏珍珠，自古虽有骊龙珠、隋侯珠等说。但与印度、波斯相比，实大为逊色。佛教传入中土后，受佛经“摩尼宝珠”等故事的熏染，以宝珠为意象，描写照夜珠、聚宝珠的传说才越来越多，反映了印度佛教文化的深远影响。而波斯的珍珠文化则主要表现在小说中。

其他胡人识宝、卖宝故事还很多，如《波斯胡指破鼍龙壳》，见于凌濛初《拍案惊奇》者甚多，就不一一举了。

四

目前讲海洋文化的朋友，习惯把这条航线称为“海上丝路”。殊不知丝绸不是这条航线的重点，因唐代以后，缫丝制衣之秘已传入西方，无需再由中国进口，故中国出口之大宗乃是茶与瓷。海上流入中土者，即为以上所说的香料与珠宝，再加上后来的白银。

由于海上舶来大量白银，所以中国富甲寰宇。中国又没有什么须向外国买，因此白银也很少外流，国人花不完之余，多以窖藏。（乾隆五十八年致英王敕谕说：“天朝物产丰盈，无所不有，原不藉外夷货物以通有无。”论史者都批评说是自大、封闭、保守，其实乾隆皇帝讲的只是当时的事实。）

但这种形势久而生变，变局起，中国遂衰矣。

怎么变呢？一是鸦片渐渐开始输入中国。外国人发现中国人对欧西的那些土特产，除少数珍宝及香料外，几乎都不感兴趣，唯一例外，可能就是鸦片。嗜瘾愈来愈重，海外输入亦愈来愈多。林则徐之所以要禁烟，就是发现白银因此大量流出国外，国开始穷、民开始弱。长此以往，再过几十年，国家既无可用之银，也无可用之兵。晚清局势，正是如此。

二是世界金融体系发生了变化。原先是银本位制，19 世纪，因白银采铸业的劳动率不断提高，白银价值下降，金银间的比价大幅波动，各国先后放弃了银本位，改采金本位制。可是中国进入世界金融体系本来就是被动的，大量窖藏白银的人根本没想到有一天白银会不是钱，政府也没想到。所以 19 世纪中叶世界各国纷纷放弃银本位时，中国还是白银帝国。直到 1935 年民国时期币制改革时才废用银本位。白银帝国，在银子吃瘪时当然也就同时吃瘪了。情况正如以票号纵横中国大江南北的晋商，在银票不时兴以后立刻便垮了。

关于近代中国衰弱的原因，近百年来探索的人很多，但大多属内视型，自艾自怨，在自己民族性上、传统文化上、社会形态上找原因。如上文所举海洋型、内陆型文化之对比即是。其实此类观点本身就属内陆型的，未看到海洋经济发展对中国贫富之影响。

中西文化的合与分

许多人说西方文化重分析，中国文化重融合。说得对！但能有个哲学的解释吗？下面是我的分析。

一

嵩山少林寺里有一块著名的石碑，叫《混元三教九流图》。作者三教九流中人，又名酒徒仙客。作于明嘉靖中。画了一个圆陀陀类似不倒翁的人物，展开图卷，上有图赞，说三教九流“各有所施。要在圆融，一以贯之。三教一体，九流一源”。

少林寺是著名的禅宗祖庭，达摩开宗。可是寺院里放这样的石碑，而且是放在极显著的地位，岂不正显示了中国人对学术的态度？

中国学术，自来重视合。宋元明清时期，三教合一，尤其蔚为风尚，相关学派与教派不知凡几。虽经社会现代化冲击，迄今依然活力无限，甚至还有许多融合基督教、伊斯兰教，讲五教合一的。

有些人认为这只是一种通俗性的作风，而且各教含糊笼统地合到一块儿，有点杂烩汤的味道，不敢苟同。

但这也许只是他们没融合好，中国自来却一直是主张合的。堪称第一部学术史专篇的《庄子·天下篇》就是如此，说："古之所谓道术者，果恶乎在？……曰：圣有所生，王有所成，皆原于一。"

先秦诸子都属于道术的一部分。道是一，各种方术均原于这个一。一后来分散了，才变成诸子百家。而这是一种衰落的过程。人人各得道之一偏，成了一曲之士，故不能"判天地之美，察古人之全"。一是道，多只是方；一是赅遍周全，多只是偏，只是杂。

道家本来就强调一，一就是道。老子云："昔之得一者，天得一以清，地得一以宁，神得一以灵，谷得一以盈，万物得一以生，侯王得一以为天下贞。"这个一就是道的别名，所以修道者要抱一。所谓"圣人抱一为天下式"，"载营魄抱一"。庄子也如此。

他悲观，是因他觉得未来一定会分之又分，"百家往而不反，必不合矣！"可是他忘了，道的一个性质正是反，老子不就说了吗？"万物并作，吾以观其复"，"道，强为之名曰大，大曰逝，逝曰远，远曰反"。一不断分裂下去，未必就不可合。或者说，基于对道的体认，我们应该相信：方术虽分，不断分裂下去，越走越远之后终究是要反的，所谓物极必反。班固《汉书·艺文志》就是这么看。

班固把学术分为九流十家：儒、道、名、法、墨、阴阳、兵、农、纵横、小说。庄子说各家同出一源，所以班固便径以各家为流。

源是本，流是末；源是一，流是多。这都与庄子相同。

但源远益分之后，班固却与庄子不同，认为它们终究是要合的，因此他说九流之学乃“一致而百虑，殊途而同归”。一致、同归，均指各家在未来终究要趋同趋合。

他们对学术史的分析，影响深远，因此这已成为我国人论学的基本观念。由于道出乎一，所以各家虽然分了，可是它内里仍具内在之可通性，可以会通。所谓统之有宗，会之有元。宗与元都是一的意思。又由于未来仍然可能合或一定要合，所以我们又总是说万流归宗、殊途同归。宗、一、本、原、元，都既是本原又是归宿。

以道观之，本来就该道通为一。因此我们也可以说，这种会通和合的学术观，就是齐物论，是一种“以道观之”的结果。由此发展下来的学术，遂亦以综合、融合、会通见长。

二

当然，中国人论学，也不会没有重分的一面。《易·文言》：“君子学以聚之，问以辨之。”用言辞来分辨，以定然否，叫作问以辨之。

《史记·平原君虞卿列传》注引邹衍语曰：“辩者，别殊类使不相害，序异端使不相乱，杼意通旨，明其所谓，使人与知焉，不务相迷也。”辩或辨的方法，就是分异分类，所谓别殊类、序异端。区而别之以后，各为之抒意通旨，说明它的依据何在，使其不同厘然可辨，不至于混淆。这就是分的工夫。

强调分、辩或辨，名家墨家最甚。《墨子·小取》篇说：“夫辩者，将以明是非之分，审治乱之纪，明同异之处，察名实之理……摹略万物之状，论求群言之比，以名举实，以辞抒意，以说出故，以类取，以类予。”

明同异之处的“处”，不是指场所、地方，而是指名。孙诒让注引《国语·鲁语》“智者处物”韦昭注云：“处，名也。”注得很好。辩者主要是从名上去分辨事物之异同，彼此也以名言相辩，且还要讨论名与实的问题。

墨子是主张以名举实的。名，古代用法包括语言和文字，故曰：“论求群言之比，以名举实。”例如见一匹马，而说这是马。马就是一个名，且是一个类名，用以说明此物属于马这个物类，因此《经说上》说：“命之马，类也。若实也者，必以是名也。”透过对名的掌握，就可以达到邹衍所说“别殊类”的目的了。这叫察名实。

那么，什么叫明同异呢？《经说上》云：“同，二名一实，重同也。不外于兼，体同也。俱处于室，合同也。有以同，类同也。异，二必异，二也。不连属，不体也。不同所，不合也。不有同，不类也。”

二物之同或异，包括：二名一实的，当然同。例如章太炎又叫章疯子，并不是另一个人。

一物为另一物之部分，则是体同。毕竟不是异物异类，所以我们也常用部分名来代称该物，例如一尾鱼、一头牛。

若二物像两人同坐在一个屋子里，便是合而同在一处。我们平常说同仁、同伴、同乡、同僚，均属此类，物虽非一，往往合同。

例如双方签的合约就叫合同。

再就是类同。如马，白马黑马花马都叫马，其实每匹马都不一样；马只是个类名，不同的马都叫马，同属一类。

至于异，二物名异实也异，当然异，是二物，所以叫“二必异”。二物不相连属，是不体同，故亦异。其他不合、不类，也都是同的反面。

墨家显然十分重视这些同异问题，以“别同异”为其特征。

察名实、别同异之外，还有一个重点是“离坚白”。《经说下》：“见不见，离一二、不相盈，广修坚白。”意思是说一颗石头，见只能见其白（色），石之坚就非视所能见，故见与非见要分开来谈。石之白，为石的一种性质，石之坚是另一种性质，也要离而二之，不能相盈。相盈是相函之意，犹如广狭和长短，亦是二事，不能相函的。

辨名实、别同异、离坚白，是谈辩的几个重点。各家在名实关系、同异之分或坚白到底如何离上，见解十分分歧。如墨子说名以举实，这时名实关系就是合而不离的，实指物，故《经上》云：“举，拟实也。”《经说上》又云：“告之以名，举彼实，故也。”可是依公孙龙看，名以指物，实却不是物，而是指物确实存在的那个实。他在《名实篇》中说：“物也，物以物其所物，而不过焉。实也，实以实其所实，而不旷焉。”物与实是分开的。因此他的审名实，是：“名，实谓也。”这个东西如果确实是那样的存在，实其所实，我才名之。因此他是：实则以名谓之，而非考察名与实之间的关系。

但无论如何，名墨之辩均以分为手段。离坚白的离即是分离，别同异之别，也是分别；辩或辨，亦是分辨之意。以分析分辨为能事，成为名墨论学之特色。

对此，道家是批评的，《庄子·天下篇》讲到惠施、公孙龙，就说彼等只是“辩者之自囿也”，自己关在一个小圈子（其实就是语言的圈子）里爽，不能见天地之大。邹衍也说辩者“烦文以相假，饰辞以相悖，巧譬以相移，引人声使不得其意。如此，害大道”，评价都不高。儒家虽讲正名，却也不赞成如此析分论学，荀子对他们就大肆批评。

三

名墨分析之学因与中国文化的主要精神不合，故长期受排斥或忽视。《墨子》到了晚清才有孙诒让为它作注，《公孙龙子》仅藏在《道藏》里，惠施书则根本亡佚了。

可是这些学问在晚清民国，竟大大复兴了，研究名学几乎成了一种热潮。胡适的名著《中国哲学史大纲》，其实也是以他先前所做《先秦名学史》为基础改写而成。就连反对胡适的牟宗三先生，后来也作有《名家与荀子》，阐发名墨一路较具逻辑性格的思路，可见一时之风气。

这样的转变，显然与晚清民初接纳西学的时代情势有关。西方学问，相较于中土，自然是重分析而不重综合的。晚清民初之名墨复兴，其实只是整个学界采用西方学术方法乃至体系的一部分表现。

所以谈名家墨家的人，都用命题、逻辑去阐释，并努力证成《白马论》《指物论》《墨经》具有逻辑学上的价值。这属于第一级的接纳西学。类似古人之“格义”，用大家已经懂的知识去解释那些大家还陌生的东西。

佛教传来时，魏晋人以老庄之术语与观念去讲佛学，以“无”解“空”、以“道”解“般若”等即是格义。但近人乃是倒过来的反向格义，非古代“以中书释外事”的形式，而是把中国学问附会到西学格局中去。

要知道名墨之学，固然以分析为事，但其实中国“名学”无论从方法和目的上看，都与西方的逻辑不同，尤其不是命题式的，详见我《文化符号学》的自序。可是不要说当时讲《墨经》《公孙龙子》的人，就是后来牟先生、陈癸淼、沈有鼎、庞朴、谭业谦等，大抵也都如此。

比这种格义更全面地以西释中，可以胡适为代表。胡的《中国哲学史》，本是在《名学史》的基础上写的，其内容当然以论名学为主。而此名学又非中国意义，乃即是以西方由逻辑分析发展起来的哲学为框架，套用着来解释中国哲学。于是，不只名墨这一支，整个中国哲学亦整体西方哲学化了。既矜为旧瓶新酒，时又或不免为旧酒新瓶。

今日，已有不少人在争论“中国到底有没有哲学”，其实就是在反省这种做法。认为西方以逻辑方法、思辨分析形成的爱智之学，可能与中国义理之学不同，未必适合称为哲学或以哲学衡之。

由胡适更往前走，就会丢掉中国这个旧瓶子，直接去讲西学，如沈有鼎、金岳霖那般，径去治逻辑。牟宗三论数理逻辑，写《认识心批判》，译维特根斯坦《名理论》亦如此。

西方哲学当然也是博大精深的，但无论怎么看，它基本上是以一种分的方式在想问题。例如逻辑，基本性质即是把一般思维形式和任何可能的内容分离开来。不分，就无法谈思维方法。于是，无论“哲学家是智者”“人是两足动物”或什么，我们可以说它都是以一种：“S 是 P”的结构来表述。“是”是个系词，将主词“S”和谓语“P”联结起来，或将是“P”视为对主语“S”的某种情况之表述。任何命题，我们均可以脱离其具体内容，如此这般，从句子结构来分析它。

其次，一般命题的基本原则是矛盾律。矛盾律也是分。凡物，均分为“甲”与“非甲”两类，一物既是“甲”就不能是“非甲”。甲与非甲矛盾，为矛盾律；甲是甲，为同一律；甲与非甲又是穷尽的排斥关系。甲与非甲间不能还有中间物，称为排中律。

再者，在主谓结构中，谓词又可分为对主词的定义、固有属性、属或偶性。此即亚里士多德《论辩篇》中的四谓词理论。依此说，若主词是个种类概念，那么对这个类的表述就是属，如人是两足动物，“人”与“两足动物”就是种和属的关系。

至于三段论，文德尔班（Wilhelm Windelband）《哲学史教程》已说得很清楚，那是从一般到特殊的推论。所谓科学知识，就是通过这一论式，让特殊的东西获得论证。对于特殊是否从属于一般，亚里士多德认为基于两种判断，一是考虑它的量，亦即主词从属于宾语的限度，是全称判断，特称判断或单称判断；一是考虑它的质，亦即从属关系有或没有，关系是结合还是分离的。

这些，无处不显示分的精神。分类、分种与属、分形式与内容、分主语与谓语、分谓语有若干种、分甲与非甲、分一般与特殊、分质与量、分关系是合抑或离，无往而不分。

这还只是从亚里士多德逻辑这方面看，若扩大来说，在亚里士多德以前，唯心与唯物、本质或现象、有限与无限、灵魂和身体等早已是混沌凿破，二元对立的析分之局了。凡事两分，两分之后再继续分。

如柏拉图把善的理念称为“一”，可是这个一又具有“不变的事物”与“变的事物”的二重性。对应于理念的是理性，对应于知觉世界的是非理性，所以一之中已是两分。然而非理性又要再分为两种因素，一是倾向于理性的高尚因素，一是抗拒理性的低级因素。前者称为精神或意志，后者称为感官欲念。亚里士多德之后，更是“百家往而不反”，各人根据其所分者，自下定义、各构系统，“各得一察焉以自好”。整个哲学史呼应着《圣经》说上帝在巴别塔混乱世人之语言，让人无法沟通的故事，无限析分之后，难以融合。

哲学上如此，宗教上也是一个犹太教，分为新旧，生出基督教来；基督教又一分为二，先分为罗马公教与东正教，再分为新旧教，等等。分而不可合，目前还争执得厉害。

印度的情况相仿。佛教本以宇宙万象为“众分法”。可是对此万法若再做析分，便又可分为心物两类，心是能见，物是所见之相，故说一为见分，一为相分。前者是心，后者是心所攀缘之境，故曰“心所”。在佛陀时，只说“三界唯心”，见《十地经》。后来小乘便分了“见”与“相”。

小乘的看法，是认为外在世界确实存在，是客观的，为心之所缘。心也是有实体的。以这个心跟境接触了，就会缘境而现起一种似境的行相。犹如我们看见一处风景，脑海里便有了一幅景象。这个景象看来似境，但它不真是境，只是心缘境时生起的一种心的活动罢了。

大乘反对这种看法，因为万法皆空，外在世界本不存在，故不承认有一个客观的实境。觉得我们所见到的外在世界诸相，正是小乘所说的行相，陈那《集量》把它称为相分。除相分之外，别无实境。其次，心有能生现似境之相的能力，则是见分。见分是能缘，相分是所缘。在相见二分之外，还有一分，叫自证分，是相见两分所依之体。如此便是三分了。到了护法，依三分又增第四分，认为在自体分上，因有自缘用的缘故，应再立一“证自证分”。四者功用各别，所以不即；四者又是一体，所以不离。

陈那是佛教因明学划时代的大师，在他之前的称为古因明，之后的称为新因明。而因明也是和欧洲逻辑最相像的学问，不少人称为佛教逻辑，俄国舍尔巴茨基《佛教逻辑》就在讲因明时处处拿欧洲哲学来和它类比。两者之相似，不只在三段论法，更在分析性的心灵。

因明学在汉传佛教中却不受重视。玄奘之前，大乘佛教几乎不谈因明；玄奘本人虽精通因明，但仅翻译了陈那的《门论》及商羯罗主《入论》，其弟子为它们做了些疏记，却也多不传，远不及藏传佛教对因明的重视。真正结合汉藏及西方逻辑知识而对因明大有阐发的，也是在清末民初。吕澂、太虚、周叔迦、陈望道、陈大齐等，钩沉发覆，跟复兴名墨绝学一样，颇有成绩。

原因何在？非今人头脑大胜于古人，只能说这套分析性的方法跟中国人不契，故遭了冷落。但它恰好又与现代社会受过西方文化洗礼的知识人，在思想、气质和方法上相契合，以致重新获得了发扬。

四

以上就分合两边略论中外文化。说明欧西及印度是长于分析分类的，我国则是长于综合融合的。

因着这种合，中国人在真、善、美三个面向上也都主张合。在真的层面讲天人合一，在善的领域讲知行合一，在美的部分讲情景合一。

首先说真。真善美三分，本来是西方的概念，中国基本上是合在一起说的，不单独强调真。

其次，西方说真，尤其与中国人不同。西方说的真（truth），主要是命题的真。命题是靠句子，因此真是指句子或命题真，或者句子与命题真的条件。他们说“是真的”，只是一种谓词表述。由此发展开来，或认为真就在于命题与事实相符合，称为真之符合论；或认为真不在于命题与事实的关系，而在一系列命题和信念之间的融贯关系，这称为真之融贯论；或认为“是真的”这句话跟它所说明的对象并不在同一个层次上，因此它之含义不能由它所说明之对象中表述出来，称为真之语义论。

凡此等等，其理论都是由“句子”出发的。中国人则不是用句子做命题式的讨论，而是用字词来谈问题，故根本没有命题之真这回事，更不会问句子跟事实符不符合。陈汉生(Chad Hansen)“Chinese language, Chinese Philosophy, and Truth”，(*Journal of Asian Studies*, Vol. XLIV, NO.3, 1985. 491-519) 说中国哲学没有真的概念，一部分原因也即在此（说的是没有西方式的真）。

在汉语中，真一向不从语句或语义上看。这个字主要是就人说的。《说文》解真字是：“仙人变形而登天，从匕。”在匕部。这不是匕首的匕，是变化之化，讲的是由俗人变化成为真人。以真人之真作为真的本义，表明了真不是认识论的问题，而是存有论的。

因此，《玉篇》解真，说是“不虚假”，也不能认为是指它跟外部世界吻不吻合。因为真实不虚假，对中国人来说，乃是指做人是否真诚、不虚伪。《说文通训定声》：“真，假借为慎，犹诚也。”《韩非子·解老》：“真者，慎之固也。”《庄子·渔父》：“真者，精诚之至也。”《荀子·劝学》杨倞注：“真，诚也。”都是这么解。真首先不是语句问题，其次不是与外物相关联、相符合的问题，而是人的内在真诚与否。

这种内在的真诚，再深讲，便内与性命相关，外与天道相关。《庄子·秋水》："谨守而勿失，是谓反其真。"郭象注："真，在性分之内。"《庄子·山木》："见利而忘其真。"成玄英疏："真，性命也。"陶渊明诗："此中有真意。"《文选》李善注引王逸《楚辞》注："真，本心也。"都是就人之内在说。我们平常口语说"真心实意""真情""真知灼见"，均属这一种。

把真跟天道结合起来说，则如《庄子·渔父》："真者，自然之道也。"《素问·上古天真论》："以耗散其真。"张志聪集注："真者，元真之气也。"《淮南子·精神》："所谓真人者，性合于道也。"平时我们说"返璞归真"即用此义，说人合于道，回归了本原。

以上两方面是相关的。为什么真诚就是人的本性呢？因为唯有真诚不虚，才合乎天道，不论这个天道是就理说还是就气说，天地运化，都是真实的。人唯有合于这种天道，才是正直正确的。真有时也解作正，如《汉书·河间献王传》"留其真"颜注："真，正也。"《文选·古诗十九首》："识曲听其真。"李注："真，犹正也。"都是。平时我们把"真正"连成一个词来用，即本于此。

除了由语言上考察中国人"真"的观念外，我们还可以看看《老子》。

《老子》说："孔德之容，惟道是从。道之为物，惟恍惟惚。惚兮恍兮，其中有象；恍兮惚兮，其中有物；窈兮冥兮，其中有精；其精甚真，其中有信。"道的具体内容用真来形容，表示那是真实不虚的。故曰其中有信，这是从道这一面说的。五十四章："修之于身，其德乃真。”这个真就是说明人之德行的。天之道与人之德，均以真来表述，而这两者确实也相通贯。

通贯之例，亦可见诸庄子。《庄子·齐物论》：“道恶乎隐而有真伪？言恶乎隐而有是非？”真伪与是非不同，真关联于道，是非则是语言行为上的事。这跟老子以真说道是一致的。《庄子·大宗师》又说：“有真人而后有真知。”真人就是老子说“修之于身，其德乃真”的那种人。人具有此种德行，才能突破语言的障蔽，获得对道的“真知”。庄子认为言辩乃是小知，“圣人不由而照之于天”，唯有超越言辩，以天道观物才能获得真知。真人就是可以照之于天的人，因为他本身便与天地合德。故《庄子·大宗师》云：“天与人不相胜也，是之谓真人。”天人不对立，相合了才是真人。真知则要以真人为基础，没有真人就没有真知。

天人合德，又可见诸《孟子》。孟子曰：“尽其心者，知其性也。知其性则知天矣。存其心，养其性，所以事天也。”又说：“君子所过者化，所存者神，上下与天地同流。”

所以儒家讲修身，一定说到知天；说天道，也一定谈到人的性、命、仁、诚。如《中庸》说：“诚者，自诚也，而道自道也。诚者，物之始终；不诚无物。是故君子诚之为贵。诚者非自成己而已也，所以成物也。”

诚，我们说过，跟真是同义字。以诚来说明道，正如老子以真来表述道。开头两句讲道之运，犹如“天行健”，是“至诚无息”的。底下接着说君子应体察天道，也要诚。且因诚本是天道，故君子既可以诚成己，当然也可以如天道一样成物，所以说诚是“合外内之道”。这是由天道讲下来的。

《中庸》另一段：“故君子不可以不修身。思修身，不可以不事亲；思事亲，不可以不知人；思知人，不可以不知天。”则是由人讲到天。诚是天存在的方式，也是人存在的方式。诚体现于天的健动无息上，亦体现于人的修身“乾乾，夕惕若厉”上。所以修身要践仁，才能知天。天是践仁的基础，又是践仁的结果，刚好成为一个圆环，至诚之人遂与天地为一体。

这是天人合一。合一之原理在于能合其德，非可泛泛由感受或境界去说。而且如此合，亦是物我合一、知行合一、情景合一的基础。如庄子云：“天地与我并生，万物与我为一。”是由人说人与天相合。董仲舒云“天亦有喜怒之气、哀乐之心，与人相副，以类合一，天人一也”，是由天说天与人相合。天人合一，所以万物与我并生，物我可以合一。

天人合德，有真人而后有真知。真知本于真的修德，故知道与行道是不能分的。阳明说知行合一的根据即在此，故曰：“就如称某人知孝、某人知悌。必是其人已曾行孝行悌，方可称他知孝知悌。不成只是晓得说些孝弟的话，便可称为孝悌！”（《传习录》上）这是知行合一。至于情景交融、情景合一，根子也是物我合一，这里就不多谈了。

天人合一、知行合一、情景合一，可以概括中国思想上合的取向。西方却不是合的。人被上帝从伊甸园中逐出的神话，象征了人天破裂的文化格局，目前更是在长期无法获得上帝之赦免后，愤而宣布“上帝已死”，要由人来戡天役物了。

五

由中国文化重合这个角度讲下来，接着便可再谈几个重要的观念：交合、感通、中和、礼乐、圆融。

（一）交合

可由《易》上说。易的乾坤两卦，一阴一阳、一天一地，本来是矛盾的，但两卦都讲合。

乾之彖曰：“大哉乾元，万物资始，乃统天。云行雨施，品物流形，大明终始，六位时成，时乘六龙以御天。乾道变化，各正性命。保合大和，乃利贞。首出庶物，万国咸宁。”文义甚美，而其中“保合太和”一语尤为切要。

在乾道变化之下，万物各有性命，且性命均得其正，是一境界。万物芸芸，物各有性，而又能彼此相合，共成一宇宙，为另一境界，所谓“万物并育而不相害”，此所以为太和，有广大和谐之意。这是乾之合。

坤呢？坤之彖曰：“坤厚载物，德合无疆。”这是坤之合，以无边广阔之姿，合载万物。

乾坤各有其合之后，还要进而讲乾坤合。《系辞下传》：“阴阳合德而刚柔异体。”谓阴阳天地之表现虽不同，但其德是合的。

此其一。乾卦坤卦之后，又有泰卦，是专讲乾坤合的。《象》曰：“天地交而万物通也；上下交而其志同也。”魏曹丕特别重视这一卦，视为天地之本，说：阴阳交，万物成；君臣交，邦国治；士庶交，德行光；同忧乐，共富贵，而友道备矣。《象》曰：“上下交而其志同也。”由是观之，交乃人伦之本务、王道之大义，非特士友之志也。

天地万物均因交才能生能成，故此卦比乾坤更为重要，为存有之源。天地交泰，自然大吉。

（二）感通

《易经》上部以乾坤居首，下经则以咸卦发端。咸不是交通，而是感通。咸即感字，后来加上心是强调感动在心的意思。此卦是个婚姻卦，一开头就说：“咸，亨。利贞。娶女吉。”这个卦就跟曹丕推崇泰卦讲交通一样，因为是讲阴阳男女交感交媾的，是阴阳之合。

咸也是和的意思。《逸周书·武穆》“周公吊二叔之不咸”，《庄子·天运》“帝张咸池之乐”的咸，就都解为和。咸之所以是和，即由其感通交合而来，由合得和。

（三）异而同、睽而通

乾坤交泰或咸卦的阴阳交合，都是异类之合。这是《易经》的一个特点，犹如水火既济。水火乃矛盾相斥之两物，怎能合呢？于此便可见出一种不同于亚里士多德的思路了。但这也并不是无视其异。恰好相反，合是在分类之后再进行的一个活动。这里，我们可以来看同人卦和睽卦。

同人卦，是天与火的结合。《象》曰："同人，君子以族类辨物。"这个卦是讲一个团体中大家上下一心的。《淮南子·缪称训》云："至德者，言同略、事同指，上下一心，无歧道旁见者……故《易》曰：同人于野，利涉大川。"就是此卦之正诂。现在我们称同僚、同事为同人，也用此意。

然而此卦之象却是族类辨物。族类辨物，不就是分辨的工夫吗？可是这分出来不同的各个类，却不因此就分裂分散出去，反而齐心同德，合为一体。所以才叫作同人。这种合同，是在族类辨物的基础上合的。故虽合而并不丧失各自的殊异性，虽分而亦不因此便不合，是我国讲合讲同十分重要的观点。

睽卦也是如此。睽，上火下泽，也是水火不合之象。所以《象》曰："上火下泽，睽，君子以同而异。"乃是睽隔不通的卦。但此卦卦义却反而是通，其《彖》曰："天地睽，而其事同也。男女睽而其志通也，万物睽而其事类也，睽之时用大矣哉！"

解《易》者，大家都知道要由卦象去解，可是很少人明白卦象与卦义有时并不吻合，甚或竟是相反，同人卦与睽卦就是如此。越是相反相异之物，越要令其沟通整合，为此两卦之精神。而也唯其为相反相异，所以才能通。它以男女为例，男女之相吸引、之相合相通，不正因为男女有别、男女睽不相通吗？男女若无如此大的差异，就没吸引力，没有相通相合的动力；若不睽隔，也不会引得人发狂似的想合在一起。这种辩证的诡趣，若只从分的一面去想，就不能体察了。

（四）仁礼

知乎此，而后可以言仁与礼。

仁，其实就是一种感通。通人我，人饥己饥，人溺己溺；爱人，己所不欲，勿施于人，都是仁。由这种通人我之感出发，才能构建人文社会，故《序卦传》说：“物大而后可观，故受之以观。可观而后有所合，故受之以噬嗑，嗑者合也。物不可以苟合而已，故受之以贲，贲者饰也，致饰然后亨则尽矣。”

人文世界，是以仁为基础建立的。人均能关怀别人、感受别人的痛苦与需求，才有人文世界可说，否则就是人相食的禽兽社会。因此人文世界有一种人与人求合求同的趋力，彼此相亲而渐合群。但人相合之后，势必又要求有个秩序，否则就是苟合，是乱来，是混乱。这个秩序就是礼文。文，是交错的花纹，形容礼使人的世界显现出了等级、秩序。仿佛一匹白布上有了文采。所以仁与礼，仁是感通以相合的，礼就是分的。

可是礼之所以要对人群做出分来，却是为着合的。以荀子为例。他论礼，特重分义，因此常把“礼分”合为一个词来用，说：“礼者，法之大分，类之纲纪也。”看来很有族类辨物之意。所以人须知统类。知类，是透过分类的办法，去明白某事某物应为某一类，如此就能如网在纲地掌握万事万物了。但是这么做以后又要求通，故《荀子·不苟篇》说：“智则明通而类。”不通达便称不上知类。后来《礼记·学记》说大学生三年要能“知类通达”，就用了荀子这话。

这是从方法学的意义上说类、知类。

然类同时也是用来言礼的，在礼分上，如何既说分又说通说合呢？

荀子用了一个与《易经》相同的讲法来说：“人何以能群？曰分。”（《荀子·王制》）睽卦，不是说男女睽而其志通吗？男女因睽、隔所以才志通。荀子也同样问：人群要怎么样才能合呢？要令其合，便需使其有分。礼就是这个分。儒家与墨家不同，墨家是要“尚同”的，所以无分；儒家则重礼、重分。然其重分，乃是为了使人能合，整个礼分的精神遂因此不是分而是合。礼是“合群者也”。能明乎此，便称为明统类。

（五）礼、乐

换言之，礼与仁相比，仁显其为通，礼显其为分。但礼之目的却不是为着分，乃是为了合。但由于礼太显其为分了，为了彰明其合的精神，故又须再讲乐。乐演奏时，能带给尊卑长幼各种不同礼制身份者共同的感动，穿透一切区分，达到大同之美：

> 是故乐在宗庙之中，君臣上下同听之，则莫不和敬。在族长乡里之中，长幼同听之，则莫不和顺。（《乐记》）

《乐记》把音乐形容为“通伦理者也”，即因音乐有这种可以跨越阶级、身份、礼制角色的力量。历来形容乐，都说“乐可以和”，令人和乐和谐，原因在此。

（六）中和

和，是通过合达成的，乾之象曰：“保合太和。”用太来形容和。儒家其他经典则常说中和。太和、中和其实讲的都是合以后的和，可是这个和为啥要用中和、太和来形容呢？

合，如前所述，是两物之合，特别是两矛盾之物合了，才叫和谐。可是，合到底是什么意思？是一加一等于二，抑或白加黑成了灰？再说，两物既是矛盾的，怎么能合呢？亚里士多德不是说物要么是甲，要么不是甲，怎能有一个既是甲又不是甲的东西？水火相逢，不是火烧干了水，就是水浇熄了火，水火既济是种什么情况？

这些问题都是十分实在的，我们不能囫囵笼统地说合和，和到底是一种什么状况？

中、中和、中庸、太和都是针对这个问题说的。两物之间叫作中。和不是一加一的总合，也不是一边各一半，各打五十大板的折中，而是“中”。但亚里士多德已经说过了，两物矛盾，其间是没有中的，这称为排中律。既不可能有这个中，这中就既不是两物，亦不在两物之间，而是两物经过辩证综合而形成的一个超越的中。这个中显示的和，因为与一般意义的和不同，故或名为中和，或称为太和。

（七）中庸

中也就是庸。《文言》：“九二曰：‘见龙在田，利见大人。’何谓也？子曰：龙德而中正者也，庸言之信，庸行之谨，闲邪存其诚，善世而不伐，德博而化。”中正，指的就是庸言庸行。

这种中庸之德，不只儒家讲，道家也讲。《庄子·齐物论》就说：“凡物，无成无毁，复通为一。唯达者知通为一。为是不用而寓诸庸。庸也者，用也。用也者，通也。通也者，得也。适得而几矣！因是已，已而不知其然谓之道。”

成与毁，便是矛盾之两端。这两端，唯达者，也就是能以道观物者才明白它是可合、可通之为一的。所以他不会执着于这两端，只会通之，得其中庸。他获得中庸的办法可能和儒家不同，但说中、说庸、说和并无差别。

（八）圆融

中和之和，乃是一种广大和谐的境界。这样的和谐，后来也常以圆融来形容。融，当然是指其融合，融合而达到完美完满之境，便称为圆满。

这个圆，大家都以为是佛教传入后才用上的（佛教喜欢说圆成、圆满、圆光、圆觉、圆融）。其实，圆是中国本有的词，《易经》上就说：“方以智，圆而神。”后来佛经译者大量用这个字去翻译梵文中表示完美这个意思的词，才变成仿佛圆字是个佛教术语似的。

同时，我们当知佛教向来喜欢论名数，三性、三业、三苦、二谛、十二处、十二因缘、四圣谛、三法印、十地、八识、十八界……不胜枚举，但其实并未以圆来论什么。圆只作形容词用，无实指。例如《圆觉经》，说的只是净觉。圆只是对净觉的一种描述。

圆有具体实指的，大约只有判教时说的“圆教”一词。天台判教，以圆为极，谓其非顿、非渐、显露、不定；华严判教，则自称一乘圆教。这个圆教的说法，印度并没有，故我认为说圆、圆融、圆教，正是中国重视和谐合和的一种表现，圆融即是“保合太和”的另一种说法。中国人讲合，确实是以圆融为最高的理想。

高冷的西方哲学史已被按倒在地上摩擦了

西方哲学，是现代性的建构，也是对现代社会的辩护。嘘云成象，曾吸引了无数人驻足观思；但如今日薄崦嵫，颇遭挑战。

挑战之一，是说西方哲学已死。

这与我们说某人已死不同，非是指某君已亡或诅咒之，乃“末日论”之一种腔调。末日论或曰源于玛雅神话、印度神话，其实非是。玛雅与印度之神话多具有创生义，毁灭伴随创世，如蛇啮尾，轮回不已，故湿婆既是毁灭之神又是创生神。基督宗教之末日说却非如此，创生只属基督一人，名曰复活。复活后要大肆审判，替人定罪，故信徒忙着悔罪，一般人惶惶不可终日，在末日可怖之景象中忧郁彷徨。此一思路浸润于西方世界已久，因此时不时就会有人出面讨论“艺术史之终结”这类话题。哲学史也一样，宣称西方哲学史已死或将死者愈来愈多。

死因主要有二。一是哲学界自 20 世纪 80 年代以来确实乏善可陈，振衰无力，没什么新方法、新理论、新人物。

二是20世纪中期以后，反西方哲学传统之阵营反而声势大振。后现代诸思潮都批判启蒙运动以来的思路和学说。哲学是爱智之学，教人如何理性思维世界、确立人生，而现在理性恰好就是被批评的。

同理，科学乃是启蒙运动、工业革命以来最耀眼之成果。可是目前从科学角度批判哲学亦最严厉。理性思维、逻辑推理、自主意志，可是量子力学测不准原理一出来，还怎么讲下去？过去一谈科学性，就是客观、理性实验那一大套，现在科学哲学还讲这些老古董吗？何况，工业时代的伦理学、正义论、著作权，在人工智能、克隆羊、基因编辑、网络纵横的世界中又能有多少适用性呢？

此所以说西方哲学已死，或已濒危。

不说哲学已死而说“西方哲学已死”，则是因推动此一思路之另一因素，正是对东方哲学之期待。认为过去被贬抑、轻视的东方思潮，或许存在着应和新时代的可能性。而且东方哲学过去只是模仿西方哲学而建构的论域或学门，在西方哲学濒危之际，症象之一，便是东方诸系思潮皆已逐渐发现他们的思想可能并不适合以“哲学”为名，而筹思脱离此大家庭了。

末日将届，万象凋疏，不就是这等兆头么？当此时会，还来讲西方哲学史，正当性或必要性何在？

挑战之二，是古希腊罗马伪史说。

西方哲学史是现代性的构建，故以文艺复兴、启蒙运动为基轴，上溯古希腊。所有西方哲学史都是由古希腊讲起的。哲人时代，苏格拉底、柏拉图、亚里士多德三杰及其流派，然后就一跳到基督教哲学。而且不是由希伯来犹太教这一脉络来谈基督教，乃是从罗马奉基督教信仰为国教而说其教理教义。奥古斯汀、经院哲学、亚里士多德主义……

可是，古希腊之史实、史事，史学界夙多怀疑。近年考古，虽说斩获不少，却也还有不少疑窦。盖西方史学本来简陋，史载甚缺；哲学界高谈理境，也未及注意社会及历史层面是否能跟他们描述的辉煌思想状态相符，故说着说着，说豁了边，不能不令人起疑。

例如柏拉图全集、亚里士多德全集，都有百千万字。卷帙浩繁，足以证明其博涉多优，著述宏富。可是这么多篇章，当时写在什么地方，又如何流传下来？词人常恐“双溪舴艋舟，载不动许多愁”，他们没有纸，也不用简牍缣帛，唯有莎草及羊皮，如何载得这许多文字？

至于流传，更是天方夜谭。不错，正是天方，阿拉伯世界。

希腊久经战乱，文物丧绝。幸而战火之后略有劫余，一部分由波斯、阿拉伯学者收存或译出了。若干年后，欧洲文艺复兴，一时遗书尽出，由阿拉伯再转抄译写出来者甚多，而柏拉图、亚里士多德之篇什遂大显于世。此中转折，固然弥可庆幸，但你不想想其中有多少伪托、多少错讹、多少误译、多少错植？中国古书，流传如此有序，尚须梁启超、顾颉刚他们来大谈“古书其伪及其年代”，并办《古史辨》大考特考之，为何讲西方哲学史就完全可以如此于有疑处不疑？

又如说其实施民主制，每年要开四十次公民大会。竟是每几天就要跋涉山川去往返开会。又说亚历山大东征，率兵三万五，居然打出了五百多万平方公里的大帝国。难道每一战打下来不需派兵统治吗？此类河汉其谈，愈发令人相信其中多有夸饰，因而扫除希腊伪史竟成风潮。现在再讲柏拉图、亚里士多德，已不再能如我们前辈那样毫无心理负担、大言不惭了。

挑战之三是草原史观之竞争。

本来讲西方哲学史而由希腊讲起，是为海洋文化张目的。所以由地中海孕育的古希腊文明发端，继而是开启大航海时代之欧洲文明、工业时代之海洋帝国等等，以此为世界史之骨干或核心。这样一套论述虽然毫不心虚地漠视亚非拉诸洲，却不能掩饰欧洲文明自己曾有的剧痛：它曾经中断过。

罗马内乱，长逾百年，古代文明实已荡然。其后波斯中兴，罗马分裂，虽基督教起踞要津，尚能维持点颜面。然不旋踵在中国受到征伐的匈奴等部族便大举西迁，侵入波斯，进占印度，并带动北欧日耳曼人南下，灭了罗马。苟延残喘的东罗马，还不安分，因而与波斯争斗而俱衰。接着波斯亡于阿拉伯，东罗马在亚非之地也大部分被夺。可见从 2 世纪中到 8 世纪，欧洲皆在混乱与衰亡之中。而造成如此的因素，除了夙敌波斯之外，就是草原民族的西迁。

后来的欧洲史，对这一段耻辱史基本不予叙述，仅概括地称为“蛮族入侵”，其余一片空白。

可是近年史学界颇翻旧账，提出了相对于海洋史观的草原民族世界史新架构。谓横跨欧亚大陆，由张家口到黑海里海草原带上之民族，成为世界史发展之动力。从中国秦汉，直到15世纪帖木儿帝国时代，现代土耳其帝国、印度莫卧儿帝国，都属于草原民族在世界史上扮演重要角色之时期。

且事实上他们才一直是中央欧亚大陆之主人，主宰着“大陆岛”之命运。过去把他们贬为蛮族，说他们只会战争和屠戮，就忽略了他们是欧亚财货、物资、金融、技术、制度的传播者。思想观念，事实上也是如此。

这种讲法，立足史实，远比过去西方哲学史把这一段空白化，假装什么事都没有，径由古希腊、古罗马跳到基督教神权时代强得多。

西方哲学史，对东罗马时期经院哲学、亚里士多德主义，大谈特谈。可是希腊云亡久矣，亚里士多德著作由何而来？西方哲学史不谈交流、不谈外部对它的影响，只是一种纯洁的单性生殖。自古希腊、基督教、文艺复兴这样一路讲下来，却忘了去说明为何要文艺复兴。不就是因为断了才须恢复、衰了才须振兴吗？然其衰断之故安在？衰世乱世，别的可能不行，思想却一定是最活络的，因为感慨深、痛苦大、思虑也就多。然而历史竟于此断了篇，毫无叙述。几百年受中亚民族之统治或侵扰，也毫无文化收获及观念交流，不也甚可怪耶？

草原史观架构的新世界史模型，以及连带而起的近年“探索伊斯兰”热潮，恰好可予西方哲学史之写作传统一个重要的提醒。

挑战之四是“西方”的争衡。

西方哲学史这个名称中的“西方”，其实指的是古老的西方概念。亚里士多德即曾推想世界应分成温带、热带等地区，生活在不同地区的人过着不同的生活。其《政治学》则赋予这不同地区不同的政治属性，希腊属于西方，埃及、波斯属于东方；西方是自由，东方则是专制和奴性的。此即为东方专制主义之起源，沿用至今。

故欧洲所谓“东方学”，早期皆由研究埃及开始。后来才把这里称为近东，把波斯、阿拉伯世界称为中东，亚洲则为远东。

可是东西方之概念渐生变化。日本发展“东亚”之概念，以中国、日本为东方之代表，以与西方相对，以致埃及与两河流域也都被包括进了西方，形成大西方概念。这也是我国人现在较熟悉的西方观。

但这就与欧洲人原先所指西方颇不相同了，所以西方哲学史虽然仍只讲希腊、罗马，其他各种西方史述却不免要泛及埃及、巴比伦。例如讲法律，能不讲《汉谟拉比法典》吗？能不谈《摩西十诫》吗？然而这都是属于东方之物。甚至基督教本身就起于东方之希伯来。切割了它的渊源，孤立地放在罗马教权巩固时期说其思想，本来就显得矫情、不自然。因此扩大“西方”原有的意涵，把这些都并进来也没错。《汉谟拉比法典》的情况也是如此。当时之法哲学、法思维，下贯于罗马法，直到现在，当然也没理由割裂开来讲。

此类事例，拓展开来看，则上古神话民俗是否亦应包括到西方哲学史中？希腊酒神狄俄尼索斯的重要性，大家想必是知道的，尼采哲学就特别要阐扬酒神精神。可是这酒神云云其实是古代生殖崇拜之一端，每年酒神享有七个节日，每个节日都是由人们抬着阳具模型去游行、喝酒、唱淫曲。

这是生殖崇拜之张扬型，相反的就还有掩抑型，埃及人、犹太人之割礼属之，后来，基督教就继承了这种观念。罗马人反之，张扬而不掩抑，所以瞧不起阉人。

这样的事例，虽谈起来似乎不雅，但在观念流变中其实甚为重要。而且宜如我这样，把埃及、希伯来、希腊、罗马合起来谈，不能仅照传统西方哲学史那样孤立地说希腊、罗马。但真要这么做，西方哲学史所要涉及的领域可就要大大扩张了，不能局限于那小小疆域。

挑战之五，是非主流思潮的反扑。

西方哲学史的正宗写法，一向是希腊早期哲学、苏格拉底、柏拉图、亚里士多德、晚期希腊哲学、基督教哲学、经院哲学、文艺复兴、近代哲学、自然科学、理性主义、经验主义、启蒙哲学、康德唯心论、费希特、谢林、黑格尔及其影响等讲下来。虽然其术多方，但一条理性思维的线索贯穿于其中，无论经验论、理性论，包括宗教信仰都需用理性予以思考说明之。

与此相反的那些情感、情绪、心态，如焦虑、仇恨、恐慌、疯癫、挫折感、绝望、寂寞等都不是哲学，且是哲学思考所应避免的，如斯宾诺莎所言："我不哭不笑，只是理解。"

可是存在主义以降，如祁克果、尼采、海德格尔、萨特等人便觉得这样的"理性人"并非真实存在状态，故一反"水晶宫里人不见”的思路，大谈要以整体人替代理性人。

这种非理性思潮（亦即重新注视理性以外之因素）的先生们，在反叛其传统时，通常不采取与传统决裂之论述策略，而是以深入拥抱传统、解析传统的方式，释放出传统中被主流论述遮蔽、尚不为人所熟知的部分，来作为其立论之依据。例如说柏拉图本想做个戏剧诗人，遇到苏格拉底后，才改而决心献身于智慧之追求。所以他内在就会经历一场诗人之死的心理激荡，慢慢以理智战胜诗歌与神话。但这不是立刻就能战胜的，理性与非理性在他心中激荡、存汰，最后才能协调圆满，从死亡和时间中获得解放。

这样存在主义式的解读，用在希伯来宗教传统中当然更是合适。如约伯说：“我从前风闻有你，现在亲眼看见你。”他们就会解释道：风闻是知道以理智和逻辑；亲见是感受、触动，而令人真正接触到生命的重大问题，产生信仰。而信仰恰非逻辑与理智所能碰触。

如此这般，反传统之同时，也重新解释了它。释有放开之意，把现在要阐扬的东西，从一个老躯壳中释放了出来。这种论述策略，中国古代也常有，古文运动与宋明理学之上溯孔孟道统、晚清康有为之托古政治，均属此等。

在西方，这也是现代思想家之惯技，非理性思潮如此，非科学思潮也一样。要上溯希腊哲学家之反自然哲学倾向，神学中乃至浪漫主义中之反科学思想，在一个理性的科学的思想链条之外，另行建构一线历史。

这类攻击原有正统论述的做法，虽然个别看都不足以动摇正宗，但合起来却足以让人怀疑原先那种西方哲学史论述是不是遗漏太多，或者对焦不准，以致把并不那么重要的东西，做了符合现代性的夸饰和扭曲，不可信据。

最后要说说宗教的挑战。

哲学史是由与宗教脱离讲起的。由从宗教和神话角度看自然，跟由城邦和个人角度看自然截然异趣。看的方法，宗教及神话思维，和理性逻辑思维也完全不同，故才有了哲学。人文主义者溯源于希腊，亦由于此。

在近代政教分离、上帝已死、人脱离上帝魔咒、用自己的理性之眼看世界的大脉络中说，这当然没问题，甚且相得益彰，大符时需。然而近年宗教复兴，风气已转，历史中的宗教因素越来越不能如过去那样随意忽视了。

例如希腊当时是个哲学的时代还是个宗教社会，恐怕就不能不再想一想了。像自然哲学家思考自然之本源是水、是火、是气等等，过去或被认为是唯物论之源头，或谓为原子论之先驱，似乎就忘了他们说的水或气中就包含了神灵。毕达哥拉斯学派以数来论次天地万物，同样不能忽视了他这派思想旨不在实用，而是把数学和宗教结合起来，想通过数学来探寻真理，且这个真理不是脱离神的纯理型存在。至于城邦，城邦存在及其运作，仅恃公民、民主、管理，还是有赖神祇？若不用，那神庙是干什么用的？苏格拉底之死，是因他的哲学不见容于社会，还是其被疑背叛了城邦之神？而其甘于饮毒受死，是自信其理，抑或表示未悖于神？

此类问题当然都可以有争论。但争论之起，正由于历史中的宗教因素重新被看到了。上古时期如此，中古宗教统治时期也是如此。过去西方哲学史叙述这一段，只是把宗教窄化成教义，抽提其文献与言说来做理性化的讨论，论证上帝是否存在、灵魂是否不灭等等。这是非宗教的宗教学，讨论方式与宗教信仰、宗教活动、宗教经验、宗教团体等等竟可以毫不相干。

一个具体的宗教，必须活在制度、仪式、神迹、身体感受之中，教义其实非常次要。不信，你去问问身边的佛教徒读过几本佛经、说不说得清楚天台宗与华严宗有什么差别。若认为佛教徒水准太低，外国天主教、基督教徒会好些，自然也是妄想。圣方济会、本笃会、多明我会与耶稣会的历史与区分，现在问问普通天主教徒，又有多少搞得清楚？反之，天主教、基督教对于拜不拜圣母大起争论，在《圣经》之外还有人整天诵念《玫瑰经》，这些事，各种哲学史里却都是不谈的。

故此类纯理性化的教理教义讨论，其实离宗教生活甚远。而现今宗教复兴，却是要以宗教介入生活世界的。如以此角度去看西方哲学史，当然就会非常失望，因其中根本看不到欧洲中古教权统治一切的荣光及巨大权威，也看不到当下的血与火。血，讲的是教权宰制下的农奴、女巫、异教徒、异端，血流遍地。火，指的是宗教战争，对外的异宗教对抗与对内部的。如新教革命、英国教独立、清教徒出走等。其中还涉及宗教与正义、与民族、与女性之类相关题目，都是还没被哲学处理的。至于现代化与宗教之关系，尤其不能以为宗教完全退却了，就置诸不论不辩之列。

也就是说，西方哲学史，目前已到了“典范”破损，亟需改弦更张或另起炉灶之时。

理性的灾难

“格物致知”，据胡适说，此为一“大胆疑古，小心考证”的实证方法，是理智的态度、科学的路。但事实上刚巧相反，格物致知乃是修养上的实践工夫，而非理智的考证方法。试一论之。

按：伊川尝言：“格物者，适道之始，欲思格物，则固已近道矣。是何也？以收其心而不放也。”“格物穷理，非是要尽穷天下之物，但于一事物上穷尽，其他可以类推。至如言孝，其所以为孝者如何。”“或问：进修之术何先？曰莫先于正心诚意。诚意在致知，致知在格物。”格物，是为了致知，知什么呢？知万物之理。穷理，乃能尽性。故格物致知，是心性修养上的工夫。伊川释格物之“物”，举“孝”为说，即是此意。《遗书》卷一八又云：“致知在格物，格物之理，不若察之于身，其得尤切。”此与卷七说：“致知，但知止于至善。为人子止于孝、为人父止于慈之类。不须外面，只务观物理，泛然正如游骑无所归也。”都显示格物之物，不应从外在实际存在的客观物上去求，而是道德修养上的问题，“要在明善，明善要在格物穷理”。

这跟考证、疑古云云，有啥子关系？胡适之说简直比王阳明去格竹子更离谱了。

但更离谱的，是把这种宋学，说成是“盛于最近三百年”的方法，为“顾炎武、阎若璩，以至戴震、崔述、王念孙、王引之以至孙诒让、章炳麟”所采用者。顾、阎、崔、戴等人所使用的，是一种号称汉学或朴学的方法，与宋学有什么关系？胡适是写过《戴东原哲学》的人，难道忘记了他们反对宋明理学的立场吗？

其三，胡适既推崇汉学、朴学方法，那又怎能说汉代是笼罩在宗教迷雾中的黑暗时代呢？

其四，朱熹明明与佛教关系密切，明明注解过道教之《阴符经》《参同契》，明明祷过雨，明明说过：“鬼神是实有者。屈是实屈，伸是实伸。屈伸合散，无非实者。故其发见昭昭，不可掩如此。”何以反说他是从宗教中挣脱出来的人？

可见胡适对中国学术史的了解不甚准确。而茅塞其心者，非他，正为彼所自诩之科学方法、理性精神也。

除此之外，把中国历史拿来与西欧类比，视中国仍处于中古宗教时期，呼吁进行一次理性的启蒙运动，打倒一切迷信、偶像崇拜、反鬼神信仰。这一类比可能本身就大有问题。因为西方近代之理性反省是环绕着“上帝”这一概念而展开的，内在于西方有神论与无神论的争论传统之中。而此有神无神之辩，主要是讨论世界是否有一超越的、具位格性的绝对者（Absolute）。故上帝存在与否的论证，是核心的问题。由此一论证，再展开有关宗教语言、宗教体验、启示、奇迹与信仰等问题的探讨。整个有神论，其实就是一神论（Monotheism），理论及实际上都肯定唯一的神，在此之外既无另一个神，也不可能有另一个神。相对于有神论（Theism）的，是无神论，否定有此一神之存在，唯物论及实证主义者多主张如此。但影响启蒙运动的，并非这一路，而是承认有一创造世界的位格之神，却反对神对世界有支配力、反对奇迹与启示的自然神论（Deism）。至于经验论，则是认为人不能对神做清楚的陈述，神亦非人之经验所能知，故为一“不可知论”（Agnosticism）。

中国从来就没有一个超越的、位格的、创造世界、主宰世界的上帝观。换言之。从来没有出现过有神论，连商周之际卜辞及《尚书》文献中的“上帝”“帝”也不同于西方的“上帝”概念。何来有神论？既无有神论，当然也不会有与之对反的无神论，因为从来没有上帝，没有人讨论过上帝是否存在，即不可能出现反对上帝确实存在的言论。要在中国文化中找无神论的材料，正是闷在一间黑屋子里找一只不存在的黑猫。

中国只有鬼神论，故与之对反者，为“神灭论”与“无鬼论”。神若随形而灭，自然无鬼可说。所以一切破有鬼论者，都从这里立论。反之，如其哲学主张不如此，就不可能不信鬼神、不敬鬼神。他或许也曾禁淫祠、戒巫觋，但那都不相干，因为他毕竟不能不祭祖；其禁淫祠、坏野祀等活动也不能证明他便不信鬼。因其鬼神之观念尚在也。如朱子，《宋史》谓其官同安时，“禁妇女之为僧道”，又《对谕榜》规定城市乡村，不得以禳灾祈福为名，装弄傀儡。但《语类》卷一〇六记载：有门人禁漳民礼佛朝岳，皆所以正人心耶？朱子即回答：“未说到如此，只是男女混杂，便当禁约耳。”

所谓鬼神之观念尚在。原因是在中国的思想传统中，鬼神是不容易祛除的观念，何以故？鬼神皆气也。

《礼记·祭义》：“宰我曰：‘吾闻鬼神之名，不知其所谓！’子曰：‘气也者，神之盛也。魄也者，鬼之盛也。合鬼与神，教之至也。众生必死，死必归土，此之谓鬼。骨肉毙于下，阴为野土，其气发扬于上，为昭明，焄蒿凄怆，此百物之精也，神之著也。’”形魄之亡，称为鬼，因其归于故土。精气仍存，扬于世上，则名为神，因其昭明彰著。后世之所谓鬼，本来就都是指这个形灭而气存，且昭见于人之耳目的“神”，只不过在其中又依善恶褒贬，将它再分两等，善者尊之为神，恶者或一般者名之为鬼而已。鬼神皆气所化，若不打破这个“形 / 神”之辨，若不反对宇宙为气一元论，若不主张形灭则气尽神亡，焉能为无鬼论？

胡适，或那被称为“在 1918 到 1919 年有神论与无神论论战中，作出较大贡献的陈独秀、恽代英、萧楚女”等人，不明此中原委，拿着“科学的研究方法”、实验、“骗人偶像说”去攻击有鬼论，当然是不相应的了。

江湖侠骨已无多

剧烈变迁社会中，知识分子常表现为侠。例如汉代末期，社会与文化都面临着剧烈的变动，士风便往往表现为侠行。《廿二史札记》卷五就指出："自战国豫让、聂政、荆轲、侯嬴之徒，以意气相尚，一意孤行，能为人所不敢为，世竞慕之。其后贯高、田叔、朱家、郭解辈，徇人刻己，然诺不欺，以立名节。驯至东汉，其风益盛。……举世以此相尚，故国家缓急之际，尚有可恃以搘拄倾危。"

但这一时代的侠，毕竟只是消极的抗议者，只能以比一般人更刻苦更艰难的方式，去显示侠行的可贵。却不能积极地铲除社会的不义，以超越社会体制、打倒规范的行动，"绝出流辈"。这是由于那个时代的社会问题还不严重、文化变迁还不剧烈，晚清就不同了。

晚清社会文恬武嬉、官贪民刁的时代，知识分子自觉对时代有责任，所以也就更向往正义之实现，也更期待英雄，或自己愿意成为拯救时代的英雄。对于各种现存的社会体制，更是力予批判，意欲“冲决网罗”，以获得个体的自由和群体的解放。

在这种存在的基础上，他们的性格往往就倾向于侠。如龚定庵说“陶潜诗喜说荆轲，想见停云发浩歌。吟到恩仇心事涌，江湖侠骨恐无多”。他不但自认为侠，也以侠客视陶渊明哩！深受定庵影响的《新民丛报》及革命党人，更常以侠士精神为号召，如秋瑾号鉴湖女侠、吴樾号孟侠，章太炎写《儒侠篇》，他的弟子黄侃也写过一篇《释侠》，他们均提倡复仇，赞扬侠以武犯禁。

侠与儒是不一样的两种人，两种生命形态。儒者之学为己，侠客之行为人；儒者沉潜内敛，侠士激昂跳脱；儒者循义，侠则行多不轨于正义。但儒家学问中也有激昂抗烈的一面，如《儒行》所记载者，刚毅之行、勇决之操，即近于侠客。在这个困蹇晦暗的时代，章太炎等人便特别把儒家这一面抉发出来，希望能够儒兼侠，替时代开拓一个新的局面。

这种作为，跟谭嗣同说“墨有两派，一曰任侠，吾所谓仁也，在汉有党锢，在宋有永嘉，略得其一体”（《仁学·自叙》）意义相同。不论其溯源于儒抑或墨，共同的主张即是统合士风与侠行。儒或墨，代表知识分子，在汉末、宋末，这些知识分子都曾因时局的刺激，而表现出与侠相似的生命气质。晚清自不例外。

当时维新一派，如梁启超撰有《中国之武士道》一书，鼓吹侠刺精神。杨度、蒋智由序，亦皆强调中国应该恢复侠风。谭嗣同更是“少好任侠”的人物，直到他因戊戌政变而死，都还留下了大刀王五的故事。革命派比维新派更激烈，主张暴力革命，所以也特别鼓励暗杀、复仇。

那时不仅许多人以侠为名为号（如上举的秋瑾、吴樾），也有不少人以剑为名。像南社，柳亚子的书斋叫磨剑室、高旭的号叫钝剑、俞锷又字剑华、朱慕家号剑芒、傅钝根叫君剑、王锐字剑丞，诸如此类，其心情恰好可以俞锷的一阕词来说明“只怕雄心还未灭，遇冤魂骤把钢刀起，可酬得平生意”（《金缕曲·题与冯心侠合影小照》），希望能消弭人间的不平。

这种儒侠合一的、经过转化改造后的侠客精神，可说普遍流布在那个时代的知识分子心中。撇开著名的任侠人物如章太炎、谭嗣同不谈，我们从整个《南社丛选》中去观察，将更能说明这个现象。

《南社丛选》中所录各诗，多伤同志之死难、哀生民之流离者，而其中即往往有直标侠义，以当鼓吹之作，如方荣杲《题红薇感旧记》提到“那知侠义出平康，羞煞邯郸击剑郎”，刘国钧的《并游侠行》歌颂游侠“要遣功名到狗屠，男儿意气轻细作”，周亮《侠士行》亦云“手不斩仇人头，口不饮仇人血。侠士替天平不平，其情如山心如铁”，沈砺《吴中杂咏》则说“要离冢外五人冢，犹占吴门侠气多”。高旭又曾画《花前说剑图》，同社诸人吟咏殆遍，因为这是他们共同的心声，他自己题诗云：“提三尺剑可灭虏，栽十万花堪一顾。人生如此差足奇，真风流亦真雄武。”也确是豪气干云。钱剑秋别有《秋灯剑影图》，柳亚子题云：“乱世天教重侠游，忍甘枯槁老荒丘？”“我亦十年磨剑者，风尘何处访荆卿？”

也把他们这一伙人共同的想法点出来了。郑叔容在给柳亚子的信上谈到整个南社的诗文时，他用“蹑扶风豪侠之景，歌旗亭杨柳之词”来形容，可见这个革命团体确实也给了大众一个激扬侠风的印象。这种印象，跟他们自己的自白，相当一致。

由于侠有面对死亡的体会，儒侠于生命自有一种苍茫之感。俞锷题亚子梦隐第二图竟，百感丛集，愁思万端，因复作《短歌行》以寄，所谓“梦里图中俱无那，伤心一样可奈何！可奈何！拔剑为君歌短歌”，即指向这种百感交集的生命苍茫之感。

从现实上看，“客天涯无多侠骨，雄谈还健，此地从来逋逃薮，一霎风流云散”，叛逆的英雄不断地凋零死去；从道理上说，人生苦短，忧患实深。英雄们行走在人生道路上，也越来越觉得孤寂苍凉。

负荷时代苦难的担当精神和体会人生悲苦的宗教意识，本来是有些冲突的。因为宗教意识常在体会人生悲苦空虚之后，超越于人生之上，以解脱空苦。但这些儒侠们往往只是能知超越之理，却不能真正超越。无法以澄观之心，超越地抚平人世的激情。反而，他们太过浓挚的担当精神，除了负荷时代的苦难之外，也同时要荷负人生的苦难。所以，宗教意识所体味到的人生空虚感，不仅不能解脱他们在现实世界上的激切之情，还倒过来，强化了他们的担当与负荷，以至于他们的激情，从现实层面，透入了生命存在的本质。

其中，定庵就把这种心境称为“箫心剑气”。他小时听巷口有人吹箫卖饧，心神辄痴，仿佛生病一般。这沉沉然、阴阴然，每每引发极混眇又极真切感受，让他如痴如病的箫声，逐渐就变成他内在心灵幻动的一种征象。这种难以明言的郁伊幽奇之心，他称为箫心。在《忏心诗》中他描述心潮鼓荡："来何汹涌须挥剑，去尚缠绵可付箫。"又在《秋心诗》中说："秋心如海复如潮……声满东南几处箫。"诗中凡幽、香、灵、艳、缠绵、美人云云，都跟他这箫心之发动有关。

但箫心只是心的一面，偏于沉、静、缠绵、幽怨的一面。心还有奇狂、鼓荡、激昂的一面，那他就用剑来象征。"按剑因谁怒？寻箫思不堪"，"一箫一剑平生意，负尽狂名十五年"，"沉思十五年中事，才也纵横，泪也纵横，双负箫心与剑名"，"长铗怨，破箫词，两般合就鬓边丝"，都是双提箫剑，这代表了他的心绪，也代表了他的生平。

这个生平，既有儒的经世济民，又有侠的跌宕不羁，但毕竟一事无成，徒留苍凉——"少年击剑更吹箫，剑气箫心一例消。谁分苍凉归棹后，万千哀乐集今朝"（《己亥杂诗》）。所以他要参禅学佛，以求脱解超越。却不料，情执未解，"万一禅关砉然破，美人如玉剑如虹"（《夜坐》）！

"美人如玉剑如虹。"这种箫心剑气，委实让清末民初诸儒侠们想往不已。周实《哭洗醒》诗便说："尘寰从此知音稀，剑气箫心谁与抗？"

在这样侠风激扬的时代，《水浒传》受到重视是很自然的。以南社的黄人黄摩西为例，他便不同于金圣叹之大骂水泊强梁，欲一一将之正法。他正面肯定《水浒》"纯是社会主义。自有历史以来，未有以百余人组织政府，人人皆有平等之资格而不失其秩序。山泊一局，几于乌托邦矣”。梁启超也说：“《水浒》一书，为中国小说中铮铮者，遗武侠之模范，使社会受其余赐。”“《水浒》者，人以为萑苻宵小传奇之作，吾以为此即独立自强而倡民主、民权之萌芽也。”

这些言论，意味着激情时代中，《水浒》“痛快淋漓，能为尽豪放之致”，故为人所乐读。而那种企求冲决网罗、扫荡不平的心理，也恰好可以在书中得到满足，因此他们在《水浒传》中看到了民主、民权与平等。认为“施耐庵独能破千古习俗，甘冒不韪，以庙廷为非，而崇拜草野之英杰，此其魄力思想，真足令小儒咋舌”（眷秋《小说杂评》）；“《水浒传》者，痛政府之恶横腐败，欲组成一民主共和政体，于是撰为此书”（燕南尚生《新评水浒传》）。

这是不足为奇的，诠释本来就依读者存在的感受来。而这种见解及呼声，不也促成了近代史的变革吗？

只是，变革现今已不容变革，《水浒》英雄的行径已不获鼓励，以法治民成了正义之手段，侠骨柔情便都远去了。遥思距今不远的晚清民国侠风，真成隔世。定庵说得不错：“江湖侠骨已无多！”